猫の伝説116話

家を出ていった猫は、なぜ、二度と帰ってこないのだろうか?

谷 真介

梟《ふくろう》社

猫の伝説116話●目次●

家を出ていった猫は、なぜ、二度と帰ってこないのだろうか？

猫の伝説 116話

家を出ていった猫は、なぜ、二度と帰ってこないのだろうか?

はじめに

私が猫を飼っていたのは、もう四十年以上も前のことである。

飼うなら乳離れをして間もない幼猫から育ててみたいと思い、猫好きの知人が何人かいるという友人に話したところ、一と月もしないうちに籠に入れて持ってきたのは、なんとシャムの牝の幼猫だった。こちらは近所で見かけるようなごく普通の猫を要望したつもりでいたのだが、籠から出てきた猫を見て、度胆を抜かれた。

——とんでもない、こんな高級な猫。とてもわが家では飼えないと固辞しながら、シャム猫など間近かに見るのは初めてだったので、抱きあげて顔をのぞき込むと、焦茶色の毛で囲まれた顔のつくりがなんとも可愛らしく、引き込まれてしまった。飼い方や食べ物に特別なものは一切なく、飼い主からはまったく普通の猫のように育てればいいと言われてきたというので、心は落ちついてきた。

このシャム猫はシール・ポイントとかいう種類で、それから十三年余り、マンション四階の四LDK、五十五平米ほどの狭い空間で、わが夫婦と一緒に暮らすことになった。

しかし、この可愛いお嬢さんは、たいへんなおてんば娘だった。シャム猫というのが、これほど活発な猫だとは、飼ってみて初めて知った。和室の障子の桟《さん》を駈け登って天窓へあがったり、よじ登った衝立《ついたて》の狭い上を長い尻尾でバランスを取りながら上手に往き来したり、天井まである本棚の各段を伝わって登り歩いたり、やたらと高い所が好きなのだ。家のなかの家具類には、たくさんの爪跡が残っている。それらに目がいくと、「よくぞ、やってくれたものだな」と、つんと澄ました表情で毛繕いをしているおてんば娘の顔を思い出して、今でも苦笑を誘われる。

好奇心もいたって旺盛で、家具の間や裏側、積み重ねてある本の間の狭い空間を見つけては、よくそこへ潜り込んでいた。まったくのくの一忍者の忍び足で、どこにいるのかわからない。首に鈴をつけたが、その鈴の音もさせずに脇に来ていて、こちらがびっくりすることも何度もあった。

また来訪者があって、ドアのチャイムが鳴ると、真っ先に飛び出していくのも彼女だった。外へ出さないためか、来訪者にはことのほか興味を持つようで、気のすむまで足許にまとわりついていた。やはり猫を飼うには家の内外を自由に走りまわることができるようでなければ、可哀想だと思った。

狭い室のなかで少しは寛《くつろ》げるのではないかと思って、自分の巣箱の本宅のほかに、陽の当たる二つの部屋の隅に三方を囲んだ別宅を造ってやると、これが意外に気にいってくれたらしく、一日中その場所を移り代わりながら鈴の音を響かせて、熱心に毛繕いをしていた。シャム猫の習性なのか、とにかく毛繕いの好きな猫だった。

飼っている時は、医者に連れていったことは一度もなかった。しかし十三年余りたってから腹部に悪性の腫瘍ができて、切除してもらった。抜糸もようやく終わって、やっとわずらわしい包帯の寿司巻きから解放されたと思ったら、三か月余りで再び痼《しこり》ができてきた。それも無事に切除してもらったが、彼女も、もう老齢になっていたのだ。その後は臥すことが多くなり、最後は女房の膝の上で、気づかないほどまったく静かに、眠るように息を引きとっていった。

＊

猫は犬とともに、人間にもっとも愛されてきた動物だが、わが国では犬よりも猫の方がより愛されて、われわれと共に暮らしてきたのではないだろうか。

例えば、寒い地方などでは一家団欒の場である囲炉裏《いろり》端の一隅には家族の一員としての猫の座が、座布団まで用意されて設けられていた。抱かれたり膝の上で小児のように愛撫されたり、時には暖房代わりとはいえ懐にいれて寝床のなかにまで抱えられていく。いわば人間と寝食を共にしてきた家畜だが、どういうわけか説話や昔話などのなかでは、昔から大いなる差別的扱いを受けてきているのだ。

民俗学者早川孝太郎は「猫を繞《めぐ》る問題一、二」（「旅と伝説」昭和十二年十月号）のなかで、次のように言っている。

「猫に限って、同じ小動物の中でも、猿、犬、兎、狸、貉《むじな》、鼠等から、常に仲間外れにされている。足柄山の金太郎の相手には、いろいろな動物が出てくるが、猫だけはとかく忘れられていた。また桃太郎の鬼が島退治のお伴には、犬と猿と共に、いささか不自然の観がある雉子が参加するが、猿や犬とは恰好の相手と思われる猫は省かれている」

そういえば、江戸時代の「五大童話」のいわゆるわが国の代表的な昔話のなかにも、猫の姿は見られない。干支《えと》の十二支の動物（ベトナムでは兎にかわって猫）からも除かれ、釈迦の涅槃図にも猫は描かれていない。猫に関する俗信や俗言、諺なども猫を蔑視するものが多い。

江戸時代になって、猫が庶民たちの間でも多く飼われるようになったのは、鼠駆除のためばかりではなかった。心を和《なご》ませてくれる可愛い愛玩動物としても飼われるようになったのだ。しかし人間と密着した生活をしながらも馴れきれず、身勝手で従おうとしない。足音もたてずに家の内外を自由に出入りしたり、夜目を鋭く光らせ、急に姿を消して何日も帰らなかったりする。

猫は未だに野生を失わない家畜といわれる。猫嫌いのものたちは、その野生味に不気味さを感じて、気味が悪いというのだが、しかし昔から猫を好むものたちの多くは、猫の可愛らしさばかりではなく、不気味さという謎を秘めたこの不思議な生き物を、大いに愛してきたのだ。そうでなければ、全国に伝わる二百話を越えると思われる実に多種多彩な多くの猫の伝説も生まれてはこなかったであろう。

＊

十三年余り飼っていた猫が死んでから、再度猫を飼うことはなかった。

しかし猫のことはその後もなにかと気がかりになっていて、新聞などに猫の記事が載ると、どんな小さな記事でも切り抜いて、手元に置いていた。どういうわけか、そのまま捨ててしまう気になれなかったのだ。雑誌などのコピーも次第に増えて、いつか猫に対する視野も拡がっていった。興味が向かっていったのは各地に伝わる伝説で、江戸時代の随筆集などにも目が向いていった。猫檀家を含むさまざまな報恩譚（猫は「三年の恩を三日で忘れる」などと恩知らずのようにいわれるが、死んでからでも恩に報いる愛猫たちの話がたくさんある）、猫の踊り話、あまり好きではない怪猫譚などまことに多彩で、話の多さに驚かされた。

そうした伝説の数々を楽しみながら読んでいるうちに、不思議に思うことが生じてきたのだ。長い間可愛がられていた猫が飼い主のもとから去っていくと、その猫は再び飼い主のところへは戻ってこない。もう一度戻ってきて、飼い主と共に暮らしたという話はほとんど見られないのだ。

『日本民俗事典』（大塚民俗学会編）の「猫の項」には、「犬とくらべて（猫は）人間に馴れず、ふとした機会に家から出ていって長い間帰らないなどの行動から、この世と異なる世界と交渉をもつと考えられ、他界からの使者のようにみなされたらしい」とある。

私は東京生まれの東京育ちだが、子どもの頃、「猫は年を取って死ぬ時は、決して人に姿を見せないものだ」と聞いたことがある。長年飼われていた（年を取った）猫たちは、飼い主のもとを去ってそのまま死んでしまうとは思わないが、いったい何処へ行き、何をしているのだろう。

そんな謎、興味に惹かれながらさらに行き先を探っていくと、どうも人間の社会を出て、近くの山中などに彼らがつくっている独自な猫の社会があり、そこへ移っていくようなのだ。

そのことを証してくれるのが、本文「十八　猫また屋敷の話」のなかの、72話「猫の王様の館」、74話「老猫からの土産」、76話「爺さまと愛猫みけ」などの話である。

──失踪した愛猫を捜しに山に入った飼い主たちは道に迷い、山中の森のなかにぼんやりひとつ灯っている灯を見つけて一夜の宿を乞うと、応対に出てきたのは、なんと捜し求めていた愛猫だったが、再会した喜びもつかの間、愛猫から、「ここは人間のくるところではない」、「早く逃げなければ、ほかの仲間たちに喰い殺される」といわれて、追い返される。「ここは、年をとった猫たちの棲む猫の王国」だともいう。「出世した猫が集まってくるところで、決して悲しんだり心配することはない」ともいって、人間の立ち入りを拒むのだ。

こうした人間の社会と猫の社会のあり方を、さらに具体的に示してくれるのが、75話「佐渡の猫の頭《かしら》」、鹿児島県種子島に伝わる78話「猫ヶ島へいった男の話」などである。

「猫ヶ島へいった男の話」は、失踪した愛猫を捜しあぐねて漁に出た男が嵐で見知らぬ浜に漂着し、食べ物を求めながら島の奥地に入っていく。そこには一本の川が流れていて、男が泳いで対岸に渡ると、失踪した愛猫が現われて、いきなり「ここにいると仲間の猫たちに喰い殺される」といわれて、追い返される。男は再び川を泳いで戻ってくるが、この川は人間の社会と猫の社会とをはっきりと分けている異界との境界線で、秋田県鹿角に伝わる話（内田武志「猫又」、「旅と伝説」昭和九年十二月号、昔話特集）でも一本の川が境界を劃している。「佐渡の猫の頭」と同じように追ってきたたくさんの化け猫たちは川を越えて、かつて共に暮らした人間の社会へは入ってこない。

また沖縄本島の具志川地方にはこの島嶼《とうしょ》版があり、島流しにあった男が流されて島に着くと、むかし飼っていた猫が現われて、「此の島は猫や動物たちだけが棲む島で、人間は喰い殺されるから他の島へ行け」と、立ち入りを拒まれるのだ。

こうして伝説を辿ってきてみると、姿を消した年をとった猫たちだけの棲む社会というのは、猫たちにとって楽園のように思えてもくるのである。

ともあれ、本文冒頭に置いた「一　人語を話す猫」の第1話「残念！」は、猫自身が人語で語る告白で、年をとった猫が化けることができるようになる年齢、猫と狐の深い関係など、猫の謎、秘密を語ってくれている。「はじめに言葉ありき」である。この貴重な告白を手がかりに辿りはじめて編んだ猫の伝説集を、楽しんでいただければ幸いである。

一　人語を話す猫

1　「残念！」（東京都）

寛政七年（一七九五年）の春のある日のことである。江戸牛込のとある寺に飼われていた猫が、庭先に来て遊んでいる鳩を狙っているのを和尚が見つけ、声をあげて追い散らすと、猫は悔しそうに「残念！」と口走った。

猫がはっきりとものをいったので、和尚はびっくりした。逃げようとするところを追いかけ、やっと勝手口のところで押さえつけた。

「おまえは、畜生であるにもかかわらず、人間の言葉を話すとは奇怪至極。化けて人をたぶらかすつもりであろう。これまでは、気がつかなかったが、人語を喋ることを知られてしまった以上、なぜ喋れるようになったのか、そのわけを話してみよ。いわぬというなら、殺生戒を犯してまで、おまえを殺すぞ」

小柄《こづか》を見せながら、押さえつけている手に力を入れて嚇《おど》すと、猫は和尚の詰問《きつもん》に答えた。

「猫が人の言葉を話すというのは、なにもわたしに限ったことではありません。十年余りも人間に飼われて一緒に暮らしていれば、ほとんど猫は話すことができるようになります。それよりさらに四、五年も生きれば、神変を得て、人間がいうように化けることもできるようになるのです。けれども、それほど寿命を長く保てる猫は、まれでございます」

「なるほど、それはわかった。しかし子猫の時にこの寺へきたおまえは、まだそんなに長くは生きておらぬだろう」

和尚がさらに問うと、猫はかしこまって、

「たしかにわたしは、生まれてからまだ六年ほどですが、狐と交わって生まれた猫は、年をとらなくとも、人間の言葉を話すことができるのです」

と、答えた。

和尚は自分が飼っている猫から、「猫の秘密」を聞かされて驚いたが、語気を改めると、猫に諭すようにいった。

「幸いなことに、おまえがものをいったことを聞いたのは、わしひとりじゃ。ほかには誰もおらぬ。おまえが普通の猫ではないからといって、寺から追いだすのは忍びない。これからも、これまでのように黙ってこの寺におるがよい。だが、決して人のおる前で喋ったりしてはならぬぞ」

押さえつけていた猫を離してそういうと、猫は和尚にむかって三度丁寧に頭を下げ、そのまま振りかえりもせずに寺から出ていった。どこへいったのか、猫はその後、二度と和尚の前に姿を見せなかったという話である。（根岸鎮衛『耳袋』）

（メモ）寺の和尚に対する猫の抗弁は、各地に伝わる謎の猫伝説の秘密を明かしてくれる重要な手がかりを示す「告白」である。人語を話す猫について『猫の草子』の猫は、「自分たちの言葉は天竺の梵語だから日本人には分からぬ」などといっているが、寺に飼われていたこの猫の告白によれば、猫が年を重ねて十年も過ぎれば、「神変を得て化けることもできるようになる」という。さらに「狐と交わって生まれた猫は数年のうちに人語を話すことができるようになる」ともいう。東北地方に伝わる猫の踊りなどの伝説には、狐が猫と一緒になって踊る話が多くみられるが、次項に続く「二　猫と狐の仲」、「三　猫と狐の踊り」の伝説そのほかにみられる猫と狐の仲の良さ、親しい関係の謎なども、この「告白」は明かしてくれている。

2「かしこまって、ござる」（青森県）

津軽藩三代藩主津軽信義の時代（寛永八年［一六三一年］～明暦元年［一六五五年］）のことである。

近習のものたちの屋敷が建ち並ぶ弘前城内の二の丸、三の丸の郭《くるわ》に、「人間の言葉を話す猫がいる」という噂がたった。

噂はたちまち城内にひろがり、やがてその猫は、三の丸の郭に屋敷を構えているお使役山村七左衛門の家の飼い猫だということがわかった。

この話が城主の耳にとどくと、信義は興味を示して、

「そのような猫がおるとは、まことか。しかと、たしかめてまいれ」

と、さっそく御児小姓《おちごこしょう》の一人を七左衛門の屋敷へ遣わした。

藩主の使者から問われた七左衛門は、

「お尋ねのごとくでござる」

と神妙に答えると、家のものにその猫を連れてこさせた。

ところが、いくら主人《あるじ》の七左衛門が言葉をかけても、猫はなんともいわない。黙って七左衛門の前に座っているだけだった。

そこで七左衛門は威儀を正し、諭すように猫にむかって、

「なにを黙っておる。お上《かみ》のお尋ねであるぞ。常々ものをいうのに、お使者の前ではなにもいわぬのは何故《なにゆえ》じゃ。さあ、挨拶をせよ」

と迫ったが、猫はぽかんとした表情で、七左衛門の顔を見ているだけだった。

「主人《あるじ》の拙者を困らせるとは、赦《ゆる》せぬぞ。お上からおとがめを受けたらなんとする――」

語気を強めながら言うと、猫は恐縮したように急に頭を下げ、はっきりと人間の言葉で、

「かしこまって、ござる」

と、野太い声で答えたという話である。（山上笙介『津軽の富籤』）

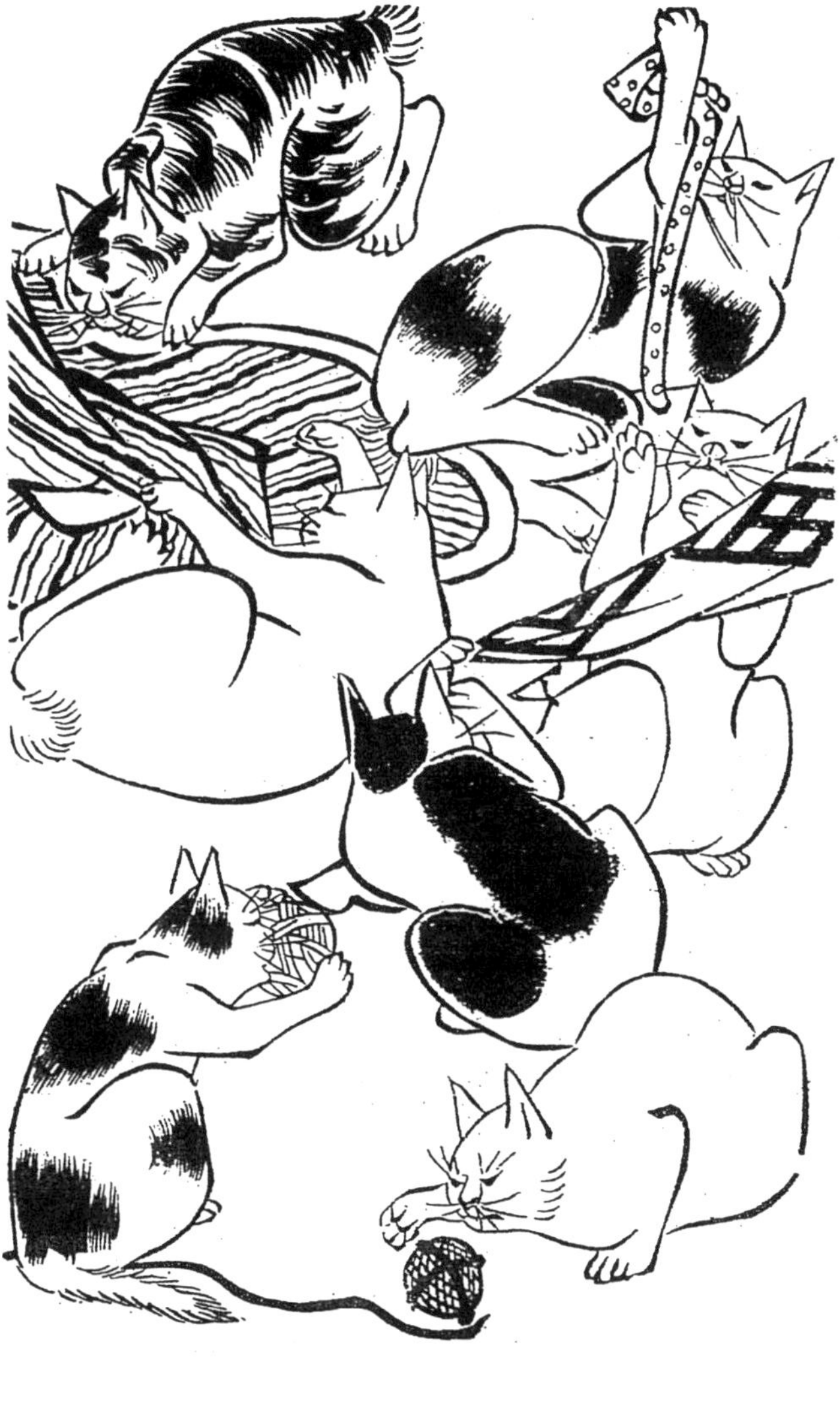

3 「男だ！」（東京都）

江戸本所の割下水《わりげすい》に住む石川八郎という旗本の家で、親の代からもう十四、五年飼われている猫がいた。

ある年の十二月の寒い夜のこと、八郎は身重の妻と向かいあい、炬燵《こたつ》で温まりながら、

「生まれてくるのは、女か、それとも男だろうか」

と、語り合った。

「産婆さまは男の子と申しますが、お腹の具合が突き出さずに横にひろがっています。それは女の子らしいと母は申しました」

それを聞くと、夫の八郎は落胆したような顔つきをして、

「女の子かのう。身どもも早や四十じゃ。成るものなら男子が欲しいものじゃが……」

というと妻は、

「生まれてみなければ、わかりません。これればかりは神様の業ですから、仕方がありません」

と、やさしくお腹をなぜながらいうのだった。

すると、炬燵の端で眠っているはずの猫が、突然頭をあげて、

「男だ！」

と声をあげたので、二人はびっくりした。

こんな時、普通の男ならすぐに刀の柄に手をかけて、
「おのれ、この化け猫めが――」
と斬りつけるところだが、八郎はあまりにもびっくりしたのか、じっと猫を見つめていた。人の話を聞き、人語を口にする猫など尋常の猫ではない。気味が悪くなった八郎は二、三日すると、知行所のある田舎の寺へ猫を持っていき、一生寺で飼って欲しいと懇願して置いてきた。

それから月日が経って、八郎の妻はめでたく子を産んだ。生まれてきたのは飼い猫がいったとおり、玉のような男の子だった。八郎は人間にはできない胎内の子まで、みごとに見通すことができる老猫の不思議な力に、いっそうの不気味さを感じたという話である。（礒清『民俗怪異篇』）

4 「何もいわぬが……」（東京都）

江戸は番町のとある武家屋敷では、鼠が繁殖して家のなかを駆けずりまわっても、決して猫を飼おうとはしなかった。

その理由というのは、この屋敷では祖父の代に飼っていた猫が庭先で雀を捕えそこね、子どものような小さな声で、「残念」と口走ったのを祖父が聞きつけ、猫を取り押さえて、「畜生のくせに、人の言葉を吐くとは怪しい。おまえは化け猫であろう」と焼けた火箸で威嚇す

ると、猫は、

「わたしは、何もいったことはないが……」

と、思わず人語でぼやいたので、祖父が呆れていると、猫はその隙をみて逃げてしまい、二度と屋敷に戻ってこなかった。それ以来、この屋敷では猫は魔性のものとして、決して飼うことはなかったという話である。（前出『耳袋』）

5 「南無三宝」（東京都）

元禄年間（一六八八年〜一七〇四年）のことである。

徳川家の菩提寺として知られる江戸芝の増上寺の脇寺徳水院に、久しく飼われていた赤毛の猫がいた。

ある時、梁《はり》の上で鼠を追いまわしているうちに、誤って足を踏みはずし、梁から床へ落ちてしまった。猫は照れ隠しのつもりか、「南無三宝」と声をあげたのを、近くにいたものたちが聞いて、

「人間の言葉を喋る猫だから、あの猫は化け猫だろうか。それにしても、梁から落ちるとは粗相な奴だ」

と苦笑を漏らしたので、猫は背を低くしてすごすごと外へ出ていき、そのままどこかへ行って、二度と寺へは戻ってこなかったという話である。（同前）

6　猫との企み（鹿児島県）

むかし、鹿児島県奄美の喜界島にひとりの分限者が住んでいた。

この男は情というものをまったく知らない男で、家で飼っている猫にたいしても、自分から餌を与えることなど一度もなかった。猫の顔さえ見れば、小言ばかりいっていた。

家には日ごろ、この猫を可愛がっている下男がいて、ある時猫に、

「おまえもおらも、同じ飼《か》われもんじゃ。おらも毎日朝から晩まで使い倒されてばかりおるが、これからも仲よく暮らしていこうぜ」

と話しかけると、猫は、

「この家の主人《あるじ》はあまりにも情のない男じゃ。おらも嫌いじゃから、二人でなんとかウラ（仇）を取ろうじゃないか」

といって、男とこっそり話しあった。そして相談がまとまると、男は主人のところへ行って、

「家の猫は、人間と同じように話しができますよ」

というと、主人は言下に、

「なにを馬鹿なことをいうんじゃ、おまえは。猫に話しができれば天《てぃん》がサーシマ（逆さ）になる。休んでないで仕事をしろ」

といって、取りあってくれない。

そこで男は、

「おらは、うそいってるんじゃない。本当です。それなら賭をしましょう。もし猫が話しをすれば、この家や財産をみんなおらにください。もし猫が話しができなければ、おらは一生この家でただで働きとおします」

というと、主人は笑いながらそうしようと約束をした。

男は早速猫を呼んだ。そして主人との間に座らせると、猫にむかって、

「猫《まやー》、なにか話して見り」

と話しかけると、猫は主人の顔を見あげながら、はっきりと人間の言葉で、

「かんなる痩《えー》とて話《ゆみた》ヌしらりみ（こうまで痩せていて話しなんかできるか）」

といったので、主人はびっくり仰天。心底から驚いて口をあけていたが、約束は約束である。この吝嗇家《りんしょく》の主人は全財産をすっかり失って下男になり、主人となった下男は猫と一緒にいつまでも仲良く暮らしたという話である。（岩倉市郎『喜界島昔話集』）

（メモ）猫はぼた餅（おはぎ）は食べないといわれるが、新潟県の佐渡には「人語を語る猫」の次のような面白い話が伝わっている。

ある年の亥ノ子（旧十月亥の日）に、猫に食べさせる残飯がなくなっていたので、その家の女主人が、「今晩はぼた餅ばかりで、残飯がなくて困ったなあ」と呟くと、そばにいた老猫が、「今晩は飯はいりません。わしもぼた餅、食べます」といった。猫が人語を喋ったので、家族

一同みな驚いて顔を見合わせた。そして「そんなら食べよ」といって、米一升を炊いてぼた餅を二十個くらいにした大きなぼた餅を七つやると、猫は喜んでみんな食べてしまった。そして翌朝、長い間飼っていたこの老猫は家を出て、どこかへ行ってしまったという話である。（山本修之助『佐渡の伝説』）

長い間飼っていた猫を追い出す時、ご馳走をして「暇を出す」話も多い。「おまえも年をとって、化け猫たちの仲間になったのか。化け猫になって村のものたちに悪さをしでかされたら、わしが困る。きょうはご馳走をしてやるからここを出て思うところへ行け」（16話「転法輪寺のおふじ」）、「焼魚を一升飯に混ぜて、どこへでも行け」（鳥取県）、「鯛を食べさせる」（長崎県）、「小豆と『ざる一杯の魚を買い、ざる一杯のご飯を炊いて』」（36話「我如古の猫」）、「油揚げ汁でご馳走して」（新潟県）などがある。また「かご一杯の魚と米」（静岡県）、「お金を首に吊るして」（沖縄県）、「小豆飯三斗三升を猫山に運んで欲しい」（香川県）など、ご馳走や多量の食べ物を与えることは送別の宴、餞別の意があるのではなかろうか。多量のおはぎを供されたこの猫は何もいわずに家を出ていったが、猫はこの供与を受けて「暇を出された」ことを知ったのだろうか。

二　猫と狐の仲

7　父親は狐（東京都）

むかし、江戸の目黒大崎（大崎は現品川区）というところに、徳蔵寺という寺があった。この寺に数十年も飼われているという牝のまだら猫がいた。この猫が明和元年（一七六四年）の春、子を産んだ。生まれた子猫の毛色は親猫のように白黒のまだらだが、姿は猫ではなく狐だった。親猫はいつも裏山に入って遊んでいたので、狐と交合して産んだのではないかという話である。（著者不詳『江戸塵拾』）

8　のどかな逢瀬（東京都）

江戸深川の小奈木沢近くの川辺に住む男が、ある日の夕暮れ近く、縁先でのんびり寛いでいると、自宅の床下から一匹の狐が出てきて、庭先にごろりと横になった。

するとそこへ、家で飼っている猫がおずおずと近寄っていった。そして横になっている狐の匂いを嗅いでから自分も横になり、しばらく寄り添ったままで、争うこともなかった。のんびり夕景色を眺めていた男は、猫と狐は同じ陰獣だから仲がよくて、けっして相手を怪しむことはないのだと思ったという。（津村淙庵『譚海』）

9　狐の穴に通う猫（岩手県）

むかし、花巻（岩手県）のある村に住む若い男が、一匹の牡猫を飼っていた。

この猫が毎夜、夜遊びに出るのを不思議に思った男が、ある夜、猫のあとをつけていくと、猫は近くの古寺にある狐の穴に入っていった。男がそっと穴のなかを覗いてみると、猫はおぼけ（麻糸籠）をかぶって娘や若者に化け、狐と一緒に踊って遊んでいたという。（平野直『すねこたんぱこ』）

10　猫と狐の酒盛り（岩手県）

むかし、岩手県二戸のある寺の和尚が法事を終えて帰ってくると、寺で飼っている猫が狐を寺に招き入れて、楽しそうに酒盛りをしていた。

あきれた和尚は、すぐに猫を勘当して寺から追いだしてしまった。するとそれから毎晩のように和尚が寝につこうとする頃合いを狙って、追いだした猫と狐がくぐり穴から顔を出し、「馬鹿坊主」と悪たれて大声をあげるので、勘当した猫を許して、また寺に置くことにしたという話である。（同朋社『日本昔話通観』）

11 心中事件か（東京都）

東京・荏原郡鵜の木村（現大田区鵜ノ木町）の農業加藤源九郎方に、五、六年前から飼われていた牝猫がいた。ところが三月中旬から毎夜九時頃になると、どこからか牡狐がやってきて、この猫を外へ呼びだすようになった。

牝猫の方もその時刻になると人待ち顔の様子で、いまに変わった子を産むのではないかとみんなが不思議に思っていると、どうしたことか、四月十七日、同村三百九十八番地の人家の地所内の井戸の底で、牝猫、牡狐とも死んでいた。ほかの仲間が喧《やかま》しいので、二匹は死んで先の世で添いとげるつもりだったのだろうと、もっぱらの噂であるという。（『読売新聞』明治十七年、一八八四年五月二十四日）

12 猫が狐になる（岩手県）

いまから百五十年ほど前のことである。

岩手県遠野のとある里に住む二十二と十八になる若者が、岩魚《いわな》を釣りに山へ入った。川の近くに中牧場の小屋があるので、そこに泊まるつもりでのんびり魚を釣り、夕方小屋へ行ってみると、かねて知り合いの監視人はもう里へおりていなかった。

小屋には近頃性悪な狐が出て悪さをするという噂がたっていたので、二人は、

「さては大将、おっかなくなって今夜は里にくだったな」

と笑いながら焚き火をし、釣った魚を串焼きにしながら食事をはじめると、どこからか猫の声が聞こえてきた。

「狐が出る時などには、たとえ猫でも力になるべから、呼んでみろ」

と年上の若者がいうので呼んでみると、猫は焼き魚の匂いに惹かれてか、だんだんと小屋に近づいてきた。

小さな、可愛らしいぶち猫だった。

魚などを喰わせて背中を撫でてやると、猫はのどをごろごろ鳴らしていた。

「めしも腹いっぺえ喰ったんじゃ。今夜はどこにも行くではないぞ」

年下の若者がそこにあった縄を首につけて木に繋いだが、猫はいやがって暴れ、騒ぎまわ

った。

すると年上の男は、「この恩知らずめ！」とばかりに、腰からはずしておいた鉈を取って猫に切りつけた。猫は肩先を切られたが縄も一緒に切れたので、藪のなかへ逃げ込んでいった。

年下の若者が、

「猫は半殺しにすると後で祟《たた》るというから、しっかり殺すべし」

というので、二人は鉈と竹鎗を持って猫を追い、藪のなかでとどめを刺すと、それを縄に結んで小屋の前に釣るしておいた。

翌朝、里から監視の男がやってきて、

「やあ、おまえたち、この狐を殺してくれたんか。本当にこいつは悪いやつで、どんなにおれも迷惑したか知れん」

というので、おかしなことをいうと思って小屋から出てみると、猫はいつの間にか大きな狐に変わっていたという話である。（柳田国男『遠野物語・拾遺』）

（メモ）「猫と狐の関係について」。狐は農業神とされる祭神稲荷の神使いといわれる。東京日本橋の玄冶店《げんやだな》の三光稲荷、大阪浪花の西長堀にある稲荷様などは江戸時代「猫稲荷」と呼ばれ、失せ猫の帰還を祈願する祠として知られた。飼い猫が無事に戻ればお礼に油揚げ一枚を供えたという。

三　猫と狐の踊り

13 寺の路地裏で（青森県）

むかし、下北半島の宝国寺という寺に、隣り村から毎日熱心に手習いに通っている仁太郎という十歳ほどの男の子がいた。

寛延二年（一七四九年）のある日の夕方、手習いを終えた仁太郎が家に帰ろうとすると、寺で飼われている猫が、水屋から手拭いをくわえて飛び出し、寺の外へ走りでていくのが見えた。

不思議に思った仁太郎がすぐに後を追うと、猫は人っ気のない寺の路地裏へ曲がっていった。

すると、そこには何匹もの狐が待っていた。寺の猫は水屋からくわえてきた手拭いをそのなかの一匹に渡すと、狐はすばやく頭にかぶり、後足で立って踊りだした。

ほかの仲間たちも同じように後足で立って踊りだし、からだをくねらせながら鼻を笛代わりに鳴らして、音頭をとりだした。なかには腹鼓を打つものもいた。

寺の猫も仲間に加わって、狐たちと楽しそうにうかれ踊った。

物かげから覗いていた仁太郎は、その踊りがあまりにも面白いので、思わず声をあげてしまった。すると狐も寺の猫も踊りをやめ、慌てたように夕闇の藪のなかへ消えていったという話である。(中道等『奥隅奇譚』)

14 猫の浄瑠璃 (岩手県)

むかし、岩手県遠野の里に、是川右平という男がいた。

ある年の冬の晩に、右平は子どもたちを連れて櫓下《やぐらした》の芝居を見に出かけ、家では奥方がひとり炉端で縫物をしながら留守番をしていた。

するとそばにいた虎猫が突然人語を発して、

「奥様お退屈でしょう。いま旦那様たちが聞いてござる浄瑠璃を、わたしが語って聴かせますべえ」

といって、声も朗らかにひとくさり語った。そしてこのことを誰にも話すなと念をおして、主人たちが帰ってきた時には、なにくわぬ顔をしてネムカケ(居眠り)をしていた。

それから何日かして、右平の家へ碁友だちである成就院という寺の和尚がやってきた。主人《あるじ》の右平と話をしているうちに、主人のそばでネムカケしている老猫を見て、

「ああ、この猫だ。先だっての月夜の晩に、おら方《ほう》の庭へ一匹の狐がきて、しきりと踊りを踊りながら、どうしても虎子どのがこなけりゃ踊りにならぬと独り言をいっていた。そこへ

赤い手拭をかぶって虎猫が一匹、出かけてきて二匹で踊った。しまいには今夜はどうも調子がなじまぬ。これでやめべといってどこかへ行ったが、それが確かにこの虎猫であった」と語った。

その夜、和尚が帰った後で、奥方は先夜の浄瑠璃の話を主人の右平にした。するると翌朝、奥方がいつまでも起きてこないので、右平が不審に思って部屋にいってみると、奥方は咽笛《のどぶえ》を咬《か》み切られて死んでいた。飼っていた虎猫もその時から家を出ていって再び帰ってはこなかったという話である。（佐々木喜善『聴耳草紙』）

（メモ）昔話のモチーフの一つに「タブー（禁忌）の侵犯」というのがある。タブーを課せられたものがこれを犯すと幸、不幸を招き、課したものは去っていくというパターンだが、猫の伝説にもこの話型が多くみられる。

15　踊りの師匠は狐（福岡県）

天保七年（一八三六年）七月十四日の月の美しい夜のことである。

富野（福岡県）に住む高橋司という男が、夜更けに厠《かわや》にたって、ふと小窓から外に目をやると、むこうに広がる畑に猫がふらりと現れて、その後から狐が出てきた。

狐はしばらく猫と並んで立っていたが、そのうちに前足をあげて、乳のあたりで折り曲げた。そして背を伸ばすと、前足を振りながら後足だけでちょこちょこ歩きだした。猫もその様子を真似て、狐の後について歩きだした。

二匹は畑をまっすぐ歩いていって、むこうの端までいくと、帰りは普通の四つ足でのそのそ戻ってきた。これを五、六十度も繰り返しただろうか。月の明かりで垣根の影が、畑に糸のように延びている、その筋をたどって歩くのだ。そのうちに、高橋が咳をしてしまったので、二匹は驚いて飛ぶように逃げ去った。

これは、猫が狐に教えられて、立って歩く稽古をしていたのである。ほかにもいろいろな術を伝授されているに違いないという話である。（西田直養『筱舎漫筆』ほか）

（メモ）人間が飼い猫に「笠を持たせて」踊りを教えている和尚の話（千葉・安房）もある。また江戸後期の旅行家・民俗学者菅江真澄は駿河国横内の慈元寺で奇特な僧と邂逅している。「この僧、いちもつという猫、七八かいて、朝夕手ならし、いろいろなる衣きせ、紅のきぬかつがせて、おどれおどれとはやしたて、猫どもにおどらせて、たのしみをれりければ、又人、猫寺ともいえり。この僧は誦経の暇に、ひねもす木で鳩をつくり、鳩の形千余りも作ればそのなかの一羽は飛ぶこともあると聞いて作り出し、軒に並べているので、寺を鳩寺ともいうという。」（『菅江真澄随筆集』）

16 転法輪寺のおふじ（鳥取県）

むかし、鳥取県東伯の別宮にある転法輪寺という寺に、おふじという猫がいた。

おふじは在所ばかりか、東伯じゅうに名の知れた踊りの上手な猫だった。生まれて間もなく寺にもらわれてきたおふじは、妻子のない和尚に可愛がられ、朝夕和尚が唱えるお経と鉦《しょう》の音《ね》を聞きながら育った猫だった。近所の仲間の猫たちが寺へ遊びにくることはあっても、おふじの方から寺を出て遊ぶことはほとんどなかった。和尚が外出しても、縁先の日だまりや本堂の床に寝転んでいるので、まるで留守番猫のようだった。

ところが、七、八年くらい前から和尚が就寝すると、毎晩のように、こっそり寺を抜け出すようになったのである。

ある日のこと、和尚が加持祈禱を頼まれて隣り村まで出かけ、夜になって帰ってくると、途中の野辺で大猫、子猫に狐までが輪になって、

「転法輪寺のおふじが来《こ》んと、踊りがはずまん」

と囃《はや》したてながら、踊っていた。

和尚は耳を疑った。自分の寺の猫が囃したてられているので、不思議な思いにかられながら寺に帰ってきた。そして土間を覗くと、おふじは巣箱のなかで眠っていた。

「はて。いつものように、おふじは巣箱で眠っておる。なぜおふじが囃したてられておるん

じゃ……」

和尚はそう呟いて部屋に入ると、ほどなく一匹の猫がおふじのところへやってきて、おふじに踊りにきてくれるように、頼んでいた。

「今夜は駄目じゃ。和尚さまがおるから、どうしてもいけぬ」

おふじはそう断わってから、

「十五日には、和尚さまが法事に出かけて夜遅く帰ってくるから、その日は必ずいく」

と約束して、仲間の猫を帰した。

やがてその十五日がやってくると、和尚は早目に法事を終えて寺に戻ってきたので、おふじは寺を出ることができなかった。

おふじは仕方なく巣箱のなかで寝ていたが、和尚が部屋のなかで横になると、和尚の衣をつけ、本堂から鉦を持ち出して寺を出ていった。

部屋のなかで眠った振りをしていた和尚は、すぐに後をつけていった。するとおふじは、野辺で楽しそうに踊っている輪のなかに入っていく。

踊りの仲間は、前に見た猫や狐、それに今度は狸もいる。猫のなかには着物を着た娘に化けているものもいた。和尚の衣を着たおふじは、輪のなかに入ると、鉦をたたいて音頭を取りながら踊りだした。

次の日の朝、和尚は衣紋掛に掛けてある自分の衣の裾が汚れているのを見届けると、おふじを呼んだ。

「おまえも年をとって、化け猫たちの仲間になったのか。化け猫になって村のものたちに悪さをしでかされたら、わしが困る。きょうはご馳走してやるから、食べたらここを出て思うところへ行け」

と意見すると、おふじはその日のうちに寺から出ていった。

その後、因幡の大家の娘が亡くなるということがあって、その家で野辺送りの準備をはじめると、にわかに空が暗くなって風雨が強まり、嵐のようになった。やむを得ず野辺送りを一日延ばしたが、翌日出棺をはじめようとすると、また前日と同じように急に天気が崩れだした。

こうした日々が続いて、葬儀を一日一日と延ばしていると、そこへ雲水がやってきた。窮状を話すと、

「これは転法輪寺という寺の猫がさわっておる。その寺の和尚が拝めば風雨はおさまる」

というので、はげしい風雨のなか転法輪寺まで行って和尚を迎え、葬儀をしてもらった。そして和尚が経を読みはじめ、「ちーん」と鉦を拍《う》つと、風雨はうそのようにやんで、青い空が戻ってきたのだ。

葬儀は無事に終わったが、和尚がなぜこんな遠方から拙僧を迎えることにしたのかと尋ねると、家のものが雲水から聞いた猫の話をしたので、和尚は合点した。おふじは死んでからも和尚に長年飼って可愛がってもらったことを忘れずに、和尚が拍つ鉦の音を聞くと、背後について葬儀を見守り、恩返しをしたのだった。

寺に戻った和尚はおふじの供養をすると、寺におふじの像を彫って、転法輪寺の山門に掲げたという話である。（野沢龍『因幡伯耆の伝説』ほか）

（メモ）猫が夜、踊りに出かける時、人間が身につけているものを拝借していくという話が多くある。和尚の法衣にはじまって、赤ん坊、子ども、嫁の着物、さらに手拭、雪駄を履いて出ていく猫もいる。納戸から引き出した息子の着物を着てでんぐり返り、猫の秘伝の化け方の一つを披露してみごとに息子に化け、踊りを踊ってばあさまを驚かせたという話が岐阜の郡上にある。また本話の類話には「和尚の衣が取れないので華蔵院はこない。今夜は芝居にならない」と落胆している猫仲間たちの話もある。（23話「華蔵院の猫」の別話も参照）

猫は踊りの準備として、こうした身近な人間たちが日常肌身につけているものを、わが身につけて人間に化け、踊りの集まりを楽しんでいるようであり、人間との生活の深いかかわりが感じられる。

四　猫の踊り

17　踊りをする前に（群馬県）

群馬県新田の村はずれに、むかし住職のいない古い寺があった。

寺の裏手は草木がうっそうと生い茂った林で、村へ通じる一本の細道があった。日もとっぷり暮れたある日の夕方、久兵衛という農夫が隣り村での用事を終えた帰り道、提灯を点《とも》して村への道を歩いていた。

すると、林のなかがぼんやり明るくなっていることに気がついた。

「はて。あの明かりはなんだべな」

久兵衛が足をとめて明かりをみつめると、なにやらにぎやかな話し声が聞こえる。久兵衛は好奇心にかられて、そっと林のなかへ入っていった。

驚いたことに、林の奥にある小さい草原に、何匹もの猫が車座になって座りこみ、酒を飲みながら語りあっているではないか。

「まだクロのやつがこねえが、どうしたんだべな。あいつがこねえと、踊りもはじまらん」

一番大きな猫がいうと、ちょうどそこへ、草のなかから一匹の猫が現れた。

「やあ、すまねえ、すまねえ。じつは久兵衛んとこの女房どのがつくったお粥が熱くて熱くて、とても喰えねえ。舌をやけどしそうで、やっと喰ってきたんだ。あの女房どのは、おらのこと悪口ばかりいってよ、すぐ足でけるしな。おちおち昼寝もできねえんだ……」

黒猫は愚痴をこぼしながら、仲間からすすめられて、酒を飲みだした。

久兵衛は、びっくりした。遅れてやってきた黒猫は、「久兵衛んとこの女房……」とかいっていたが、あれは自分の家で飼っている猫ではないか。暗くて顔はよくわからないが、たしかにあいつは家のクロに違いないと思いながら、家に帰ってきた。

家に着くなり、女房に聞いてみると、

「クロならさっき、外へ出ていったよ。晩にかゆをやったら、熱い熱いって、なかなか喰わない。あんまりのろまだから、雑巾《ぞうきん》ぶつけてやったよ」

と、いった。

猫は夜になると集まって踊りをする前に、よくこうして酒盛りもするという話である。（池原昭治『日本の民話３００』）

（メモ）「猫たちの踊り」話には人の気配を感じたり、見られたりすると踊りはそこで中断され、猫たちは一斉に姿をくらますという特徴があるが、人に見られていることに気づいても、堂々と踊りをつづけている猫たちもいる。

「ある夕方、安西六左衛門が、慈眼寺の前を通ると、観音堂の中がざわざわしている。格子からのぞくと、お堂の中で、たくさんの猫が、手ぬぐいでほおかぶりをして踊っている。親方らしい一匹が、人間がのぞいているのに気づいて、『六左《ろくざ》が見るぞえ、静かに踊れ』といった。六左衛門は、猫に自分の名前をいわれて、おどろいたという」話が、神奈川県の津久井地方に伝わっている。

18 猫と嫁《あね》ちゃ（秋田県）

「嫁《あね》ちゃはよ、どうしてあがりば（上がり框）に脱いだわらし（子ども）の着物、置きっぱなしにして片づけねえのか。だらしがねえ」

むかし、北秋田にある鹿渡《かど》という村のじゅんじょという名の家から、よく嫁さんに小言をいっている婆様《ばさま》の声が聞こえていた。

嫁ちゃの方は家事や野良仕事が忙しく、いちいち子どもが脱ぎ捨てた着物など、片づけてはいられなかった。

ある朝のこと、嫁ちゃが畑に行こうとして、あわててあがりばに脱ぎ捨ててある子どもの着物を踏みつけた。

着物の裾が泥で汚れて、濡れていた。

「あんれ。どこで濡らしたんだべな。寝しょんべんしたんだろうか」

嫁ちゃは気になって、急いで着物の汚れた裾をつまんで洗うと、それを日なたに干して畑へ出ていった。

ところが次の日の朝も、また同じように子どもの着物の裾が汚れていた。嫁ちゃが子どもを呼んで叱りつけると、子どもは、

「おら、寝しょんべんなどしとらん」

と怒って、顔をそむけた。嫁ちゃはかっとなって、つい頬を平手で叩いたので、子どもは泣きだしてしまった。

次の日の朝も、また同じことが起こっていた。そこで不思議に思った嫁ちゃは、確かめてみようと思った。

その夜、家族が寝静まってから、嫁ちゃは土間に降り、大竈《おおがま》のかげにかくれて、じっとしていた。

夜が更けていくと、疲れと退屈さで眠気がさしてきた。何度も欠伸《あくび》を噛み殺していると、婆様が長年飼っている猫のたまが寝床にしている奥の婆様の部屋から、こっそり土間へ降りてきた。そして闇のなかでひと声、鳴き声をあげた。

すると、予想もしないことが起こった。屋外にいる何匹かの猫たちの声が返事となって、すぐに返ってきたのだ。

その声にうなずくと、たまは土間から部屋にあがり、子どもの着物をくわえて外へ出ていった。

家の裏手にある井戸のまわりには、よく目にする隣り近所の猫が集まっていた。たまはそれらの猫たちの頭《かしら》らしく、仲間に加わると、着物を被り、裾を引きずりながら裏山につづく藪の道へ入っていった。

猫たちの足がとまったのは、藪を抜けた山の麓にある住職のいない村の寺へやってきた時だった。本堂のなかには、たくさんの猫がいた。隣り近所の猫ばかりではない。村ではほとんどの家で鼠駆除のために猫を飼っており、その猫たちがみな集まっているのではと思えるほど、たくさんの猫がいた。

たまが本堂へ入っていくと、猫たちはたまのまわりに輪をつくり、前足をあげ、からだをくねらせながら踊りだした。

嫁ちゃは窓の隅に片目を押しつけて、その様子をじっと覗いていた。すると猫たちは音頭をとりながら、囃し唄を歌いだしたのだ。

その唄を聞いて、嫁ちゃは顔がほてるのを感じた。

　じゅんしょの　あねちゃ
　だらしね　あねちゃ
　わらしの着物
　あがりばさ
　何日も　ぶんなげておく
　だらしね　あねちゃは
　村では　いらねえ……

「おらのこと歌っておるでねえか。なんだ、あの猫たちは——」

嫁ちゃは腹をたてながら、家に戻っていった。

家で飼っているたまは、婆様から聞かされたのか、それとも婆様がいつも嫁ちゃにいう小言を近所の猫たちから聞いて知っていたのかわからない。だが、猫は黙って人間の話をよく聞いたり、見たりしているという。このことがあってから、じゅんしょの家の嫁ちゃも、村のほかの嫁ちゃと同じように忙しく立ち働きながら、家のなかの片づけごともこまめにやるようになったという話である。（秋田県国語教育研究会他編『読みがたりと秋田のむかし話』）

19 猫の踊り場（神奈川県）

横浜市戸塚の汲沢町に、「踊場」という変わった名の停留所がある。その脇に猫の供養碑が建っている。停留所の名の由来は、ここにあった「猫の踊り場」からつけられたものだという。

むかし、宿内（汲沢町）に、水本屋という古いのれんの醬油屋があって、たいへん繁盛していた。

店で働くものたちは、みな腰に白い手拭を下げていた。醬油がついてすぐ汚れてしまうので、おかみさんは店のものに、仕事が終わると、自分の手拭を毎晩きれいに洗って、きちんと干しておくようにさせていた。

ある朝、軒下に干してある手拭が一枚なくなっていた。それが二晩、三晩とつづいた。そのたびに新しい手拭をおろさなければならないので、おかみさんは不思議に思った。なくなるのは、決まって一番端に下げてある常どんの手拭だった。そこでおかみさんは、あまり働き者とはいえない丁稚の常どんを呼びつけて叱った。常どんは常日頃なにかにつけて小言をいわれていて、手拭の洗い方もいいかげんなら、干し方もいつもずり落ちそうにぶら下げているために疑われたのだが、身に覚えがないので、面白くなかった。

常どんはあれこれ思いをめぐらせ、自分で手拭を持ち去る犯人を突きとめてやろうと考えた。そして手拭の端に糸をつけて自分の足に結んで床に入った。

すると夜中過ぎになって、足に結んだ糸が強く引かれて、目を覚ました。常どんが雨戸を開けて外に出ると、主人《あるじ》の独り娘が可愛がっている家の黒猫が、手拭をくわえて走っていくのが見えた。常どんは追いかけていって猫を捕まえると、無事手拭を取り返した。

家に戻ってこのことを話したが、日頃いいかげんな常どんのこと、

「お嬢さまが可愛がっておる猫が、なんで手拭を盗んだりするんじゃ」

といわれて返事につまった。だれもがまじめに取りあってくれない。

ところが次の晩、用事があって主人《あるじ》の義兵衛が家に戻る途中、宿場のはずれの森のなかから、なにやらにぎやかな音が聞こえてきた。義兵衛がそっと近づいてみると、十匹ほどの猫が集まり、手拭を頭にかぶって楽しげに踊っていた。

よく見ると、なんと音頭をとっているのは、自分の家の黒猫で、かぶっている手拭も家の模様が入っている。

家に戻った義兵衛が手拭がなくなるわけを話すと、店のものたちもみな、猫の不思議な行為に驚いた。

この話はたちまち宿場の噂となって広がった。夜になると、猫の踊りを見に出かけるもの

がふえて、いつの間にか猫も姿を現わさなくなってしまった。けれどもその場所だけは猫の踊り場として、いまに語りつがれているという話である。（小島瓔礼『神奈川県昔話』ほか）

20　三左衛門《さんじやむ》の猫（青森県）

温泉地として知られる津軽黒石の板留の里に、むかし三左衛門《さんじやむ》という男がいた。

秋のある日、所用で三日ばかり弘前の城下に出かけたが、その日は帰りも遅くなり、板留の村外れまで戻ってきたところで、日はとっぷり暮れてしまった。家までもうひと息だが、ここまでくれば急ぐこともないだろう。疲れもあったので、三左衛門は道の傍にある地蔵の脇にどっかりと腰をおろした。

一服していると地蔵の裏の林のなかから、人の声のようなものが聞こえてくる。不思議に思った三左衛門は、そっと林の茂みのなかへ入っていった。

すると、背の低い子どもほどのものたちが五、六人いて、手拭をかぶったり胴衣をまとったりして踊っていた。

三左衛門が茂みのなかから、じっと覗いていると、そのうちのひとりが急に踊りをやめ、

「だめじゃ。だめじゃ。きょうは板留の三左衛門はどうしたんじゃな。あいつがこねえと、どうも調子が出ねえや」

と、いった。

突然自分の名前が飛び出したので、三左衛門はびっくりしたが、黙って見ていると、ほかの仲間が、

「三左衛門は、よべら（昨夜）魚盗ってな、おばね（弟の嫁）に出刃包丁ぶつけられて、足痛めてな、こられねえんだ」

と、いうのだった。

話を聞いていて、「三左衛門」というのは、どうも自分の家で飼っている猫のことだとわかった。猫たちが人間に化け、手拭や胴衣をかぶって、村外れのこんな林のなかで踊っているのだ。

そういえば、不思議なことが家でよく起こることを、三左衛門は思い出した。土間にかけてある手拭や部屋のなかの胴衣が、時どき濡れているのだ。するとあの手拭は日が暮れると、家で飼っている猫が持ち出して、踊りに使っていたのかと合点した。

家に帰って猫をみると、猫は後足を引きずっていた。三左衛門は留守の間家にいた弟の嫁に聞いてみると、弟嫁は夕食の魚を盗んだので出刃包丁を投げつけてやったら、包丁の柄が猫の足に当たったのだという。

そこで三左衛門は猫にむかって、

「村外れの地蔵の裏で、仲間たちが集まって踊っておったぞ。おまえがこないと調子が出ないといっておった。今夜は踊りにいけなくて残念だな」

というと、猫はひと声「ニャー」と鳴いて、後足を引きずりながら家を出ていき、そのまま二度と戻ってはこなかったという話である。（ぎょうせい版『ふるさとの伝説』）

21　猫じゃ踊り（千葉県）

むかし、千葉の古愛井《こめのい》の長谷寺に、たいへん踊りの好きな和尚がいた。念仏を唱えながら木魚を叩いているうちに、木魚の音に浮かれだし、ついからだをゆすって踊りだしてしまうのだった。

寺にはもう長いこと飼っている大きな猫がいたが、この猫がまたおかしな猫だった。和尚が寝る前に、ちびりちびり口にする般若湯《はんにゃとう》（僧家の酒の隠語）の匂いを嗅ぎつけると、どこからともなくやってきて、のどをごろごろ鳴らしながら和尚のからだに顔をすり寄せて、般若湯をねだるのだ。

和尚の方もわかっていて、

「今夜は寒いぞ。おまえも温まれ。ほれ」

といって、猫にも般若湯を舐めさせていた。

猫は般若湯でいい気分になるのか、夜は鼠を捕ることも忘れて、ぐっすり眠ってしまった。

その寺の猫が、

「般若湯は、うめえし、からだが急に暖かくなって気持ちがいい」

などと吹聴《ふいちょう》したのか、そのうち夜になると仲間の猫たちが寺へやってきた。そしてひと舐めふた舐めずつ、和尚から般若湯を舐めさせてもらって、うれしそうにしていた。

その頃、古愛井のあたりには、とても調子のいい「ばか囃子《ばやし》」がはやっていた。この囃子には振りつけの踊りがなかったので、村のものたちは囃子がはじまるとその調子のよさに浮かれて、身振り手振り、勝手な振りつけをして踊っていた。

祭りが近づいたある年の夏のこと、村の若者たちは隣り村の若者たちと踊り競べをすることになって、踊りの好きな長谷寺の和尚のところへ相談にきた。若者たちはどうしても負けたくないので、村のものなら誰でも知っている調子のいい「ばか囃子」で勝負しようと考えたが、「ばか囃子」には踊りがないので、和尚に振りつけを頼みにきたのだ。

相談を受けた和尚は、毎晩大好物の般若湯を飲むのも忘れるほど夢中になって、「ばか囃子」を口ずさみながら、手を振り足をあげて踊りの工夫をしていたが、なかなか思うようにはいかなかった。

その間にも、村の若者たちが、

「ののさん（和尚さん）、まだかいのう」

と催促にくるので、和尚は気がきではなかった。

ところが、このためにさっぱり般若湯のお相伴にあずかれなくなった猫たちは、面白くない。猫たちは寺の猫のところへいって不満をもらすと、寺の猫は困った表情で、

「おらんとこののさんは、いま般若湯どころではねえんだ。新しい踊りがなかなかできねえんで、弱っとるんだ。おらだって、般若湯飲ましてもらいてえがよ、我慢しとるんだ」

と、いうのだった。

猫の仲間たちは納得したのかどうか、それでも夜になると和尚の部屋の廊下の下に集まっていた。

部屋のなかで休んでいた和尚は猫たちに気がつくと、

「ああ、そうか。おまえたちは般若湯が欲しくてそこにおるのか。わしも忙しくてな、おまえたちのことをしばらく忘れておった。一諸に飲むか。よし、よし、いまみんなにやるぞ」

――さあ、それからがたいへんだった。

猫たちは久しぶりの般若湯に、すっかり酔っぱらってしまった。皿や火箸、土瓶に茶碗、部屋にあるものを持ちだして叩きだし、調子を取りながら気分にまかせて、それこそ勝手放題の仕草で踊りだしたのだ。

寺の猫は、和尚の腰から手拭を抜きとると、頬かぶりをして踊りだした。

尻尾を振りふり、身をくねらせて踊るその格好のおかしいのなんの。和尚も釣りこまれて寺の猫の後に立って、身振りを真似るように踊りだした。

ちょうどそこへ、村の若者たちが和尚に振りつけを催促しにやってきた。

若者たちは障子に映る猫たちのばか踊りに、びっくりした。気の早いものは、

「ば、ば、ばけ猫じゃ。化け猫たちがののさんを殺して踊ってるんだ」

と、声をあげたが、その和尚が猫と一緒に踊る影が大きく障子に映った。

それを見た若者たちが廊下へとび上がって障子を開くと、部屋のなかでは和尚が楽しそうに猫たちと踊っている。

若者たちはあきれて見とれていたが、あまりにも調子がいい囃子と楽しい踊りに引きこま

れて、ついつい自分たちも腰の手拭をかぶり、手を拍《う》って踊りだした。

ねこじゃ　ねこじゃと　おっしゃいますが
ねこが　じょじょ（草履　ぞうり）はいて　かこ（下駄）はいて
しぼりゆかたで　くるものか
はあー、おっちょちょいの　ちょい
もひとつ　おまけで　ちょい

村の若者たちは、寺ののさんや猫たちと一緒に踊ってつくったこの踊りを、「猫じゃ踊り」（のちの「佐倉囃子」）と呼ぶようになった。

「猫じゃ踊り」は、自分の村のものたちばかりではなく、隣り村のものも夢中にさせる楽しい踊りになった。そして利根川の水に運ばれて、いつか江戸にまで伝えられていったという話である。（偕成社『千葉県の民話』）

22　虎どんまだか（島根県）

明治三十年（一八九七年）頃のことというから、百年以上前のことになろう。

島根県隠岐島の中筋の有木という村で、旧盆の盆踊りがあり、隣り村の東郷からも若者たちが踊りに出かけてきた。

夜更けまで踊って、山道を村へ戻っていくと、村境を過ぎたあたりで、また違う盆踊りのにぎわいが聞こえてきた。

「はて。こんな山んなかで、不思議だな」

「こっちの方から聞こえるぞ。行ってみよう」

若者たちが藪草をかき分けて見ると、なんと盆の十六夜の月の光を浴びながら、十匹ばかりの猫が手拭で頬かぶりをして踊っていた。

若者たちが杉の木立のうしろに隠れて見ていると、やがて一匹の猫が、

「虎どん、まだか。虎どん、まだか」

といって囃したて、それにあわせてほかの猫たちも同じように囃しながら夢中で踊っているのだ。

「虎どん」というのは、若者たちの村ではだれひとり知らぬものはいない、山の入口の家で飼われている年とった猫の名前だった。猫たちは、その虎どんが夜食を食べにいったまま、なかなか戻ってこないので、それを待って、囃しながら踊っているのだった。

若者たちはびっくりして、

「あれは化け猫たちだぞ。見つかったらなにをされるかわからん。早く帰ろう」

と小声で話したが、帰り道はどうしても猫たちが踊っている脇の道を通らなければならない。思案をしていると、猫たちは若者たちの気配に気づいてか、急にばたばたむこうの山の方へ逃げ去っていったという話である。（野村純一「世間話の一側面」、「あしなか」82号）

（メモ）猫たちが集まって踊るという「猫の踊り」はほとんど夜におこなわれるので、目撃

したという話はほとんど一人の場合が多いが、数人の若者が同時に目にしたというこの話は珍しい。

23　華蔵院の猫（茨城県）

むかし、ひとりの行商人が暗くなってから那珂湊（茨城県）の海辺近くの野辺を急ぎ足で歩いていると、笛や太鼓の音がにぎやかに聞こえてきた。

行ってみると、大きな猫ばかりが集まって、踊っていた。

するとそのなかの一匹が、突然踊るのをやめて、

「だめだ。だめだ。さっぱり気分がのらねえ。阿字ヶ浦の磯吉の猫も、磯崎の名右衛門の家の猫も、平磯の大吉の猫も、みんなならっちゃいいねえ」

というと、ほかの猫が、

「湊の華蔵院が今夜はまだ来ていねえんだ。あいつがいねえと、どうも調子が揃わねえな」

といった。

そこへ、件《くだん》の華蔵院の猫が坊さんの衣を着て駆け込んできた。そして音頭を取りながら踊りだすと、今度はなんの文句も出ずに、猫たちは楽しそうに踊りつづけた。華蔵院の猫はこのあたりの踊りの名手で、仲間の猫たちから一目置かれているようだった。

翌日、行商人が湊の華蔵院へいって和尚に昨夜目にしたことを話すと、和尚は袈裟を持ち

出して調べてみた。すると袈裟の裾が土で汚れていて、裏に猫の毛がたくさんついていた。和尚は猫を呼んで叱りつけようとしたが、猫はもう寺から消えていて、どこにも姿が見えなかったという話である。（前出『日本昔話通観』）

この話には、興味深い別話がある。

ある夜、湊村の商人が仕事を終えて帰る途中、野原の一隅が騒がしいので秘かに近づいてみると、五、六匹の猫が酒盛りをしていた。

「華蔵院がこないのは残念だなあ」

一匹の猫がいうと、そこへ袈裟をつけた古猫が現われた。

「和尚が外出していて袈裟がなく、化けられなくて遅くなった」

華蔵院の猫はそういって、酒盛りの仲間に加わった。

一部始終を見ていた商人は、翌日華蔵院を訪ねて和尚にこの話をすると、和尚はそばでまるくなって眠っている古猫の頭を撫でながら、

「酒盛に出たというちの猫なら、これでしょう」

といって袈裟を調べると、衣の裏に猫の毛がたくさんついていた。

猫は庭に降りると、そのまま姿を消して二度と寺へは戻ってこなかったという話である。

（角川書店版『日本の伝説』）

（メモ）猫は一匹だけでも踊るという話が松浦静山『甲子夜話』にある。静山が伯母から聞

いた話によると、医師高木伯仙の亡父がある夜、枕頭で物音がするので目覚めて見ると、久しく飼っている猫が首に手巾を被って立ち、手をあげて招くような風をして小児が跳舞するように踊っていた。伯仙の父が枕刀で切りかけると猫は驚き、走り去って二度と姿を見せなかったという。静山は「世に猫の踊りということ妄言にあらず」といっている。別話の「和尚の袈裟」については16話「転法輪寺のおふじ」の（メモ）参照。

24　空家の猫の踊り（秋田県）

むかし、北秋田阿仁《あに》のある家に、年をとった牡猫が飼われていた。

猫は家族のものたちに長年可愛がられ、毎晩のように家族たちの間にはさまって、寝ていた。年をとっているせいか夜ばかりではなく、昼間もほとんど家のどこかで居眠りをしていた。

ところが、ほとんど家を出なかったその猫が夜になって家族のものたちが寝る時《じき》になると、すうっと家を出ていくようになった。そして翌朝になるといつの間にか家に戻ってきていて、家族の間で寝ているのだった。

こんなことが毎晩のようにつづくので、ある夜、家族の親父《てで》がこっそり後をつけていくと、猫は一軒の家のなかに入っていった。その家は、もう何年も空家になっているあばら家だった。

猫の後をつけてきた親父《てで》は不思議に思いながら、造作板の破れ目からそっと家のなかを覗きこんで、びっくりした。家のなかは灯もないのに、はっきりと見えるのだ。それより驚いたのは、古みの、古ざる、古茶釜、徳利など打ち捨てられた世帯道具が集まって踊っているのだ。

「家のなかさ入っていったうちの猫は、どこさいったべな」

と、目をこらしてよく見ると、家の猫は古棚の上にいて、前足を上げたり下げたりしながら音頭をとり、道具たちと一緒に踊っているのだった。

親父《てで》はびっくりしどおしだったが、台所から破れ雑巾や欠けたどんぶり、さたないわらじなどまでが部屋にあがってきて、にぎやかに、楽しそうに踊るのを見ているうちに、からだがはずみ出してきて、浮かれながら家のなかへ入っていった。そしてそこに転がっている杓子を持って、

しゃぐしい、しゃぐしい、しゃくじだあ……

と声をあげて踊りの輪に加わろうとしたその時、にぎやかな道具たちの踊りは、ぱたりと止まって、家のなかはまっ暗になった。

親父《てで》は正気を取り戻して、手探りをしながらやっと出口を捜して、屋外へ出た。そして息を切らせながら家へ戻ってきた。

次の日の朝、親父は猫を捜したが、猫は何処へいったのか、それっきり親父の家には帰ってこなかったという話である。(『阿仁昔話集』)

五　猫と狐と狼の関係

25　猫は狐の物見役（島根県）

むかし、島根県松江の城下に住む藩士たちが、ある年の梅雨《つゆ》時の夜、西川津を流れる川に何艘かの小舟を浮かべて、魚を獲ろうと四手《よつで》網を下ろしていた。

その時、ひとりの男が橋の上から猫がじっと自分の舟をうかがっているのに、気がついた。しばらくしてその猫が走り去ると、今度は狐がやってきて、猫と同じように橋の上から男の舟を見ていた。

「猫は狐の手下で、狐は人を襲う狼の見張りをつとめる物見の役をつとめている」という土地の古くからの言い伝えを思い出した男は、用心のため自分の乗っている舟の艫座《ともざ》の上に、簑笠を人がかぶっているように仕立てると、舟から仲間の舟へ移っていった。

そして様子をうかがっていると、やがて言い伝えのとおり、近くのくさむらから一匹の狼が現われた。

狼は橋には向かわずに、川岸からひと跳びで舟にとび乗ると、間髪入れずに簑笠に喰らいついた。それが川明かりのなかに見えたが、簑笠のなかが空っぽだと知ると、そのまま跳びあがって川岸に戻り、くさむらに消えていった。

それから間もなくのことだった。

くさむらのむこうにある小山の方から、獣の断末魔の悲鳴が聞こえた。

翌朝、村の老人が小山の入口で、喰いちぎられた一匹の狐の死骸を見つけた。それは前夜、物見の役をしくじった狐に対する狼の制裁だったという話である。（岡田建文『妖獣霊異誌』）

また同じ島根県の浜田市の周辺には、次のような同類の話が伝えられている。

ある老人が、仲のよい花売りの爺と漁の番小屋の夜番に出た。その夜は、ことのほか寒さが厳しいので、すこし温まろうと花売りの爺が酒を買いに出かけた。すると、番小屋のなかに一匹の猫が入ってきて、ひとわたり小屋のなかを眺めまわすと、黙って出ていった。

「次は狐がやってくるな……」

老人が古くからの土地の言い伝えを思い出していると、果たして狐がやってきて小屋のなかをのぞいていった。

――次に狼がやってきたら喰い殺されると思った老人は、これは危ないと着物を脱ぎ、それを背負い籠にかけて、海のなかへ逃げた。

寒いのをこらえてふるえながら見ていると、やがて東の赤島の森の方から狼が一頭走ってきて、いきなり番小屋のなかへ飛びこんでいった。そして老人がぬいだ着物を掛けていった籠に喰らいついたが、そこに肝腎の獲物はなかった。

狼は暴れまくり、小屋のなかをめちゃめちゃにこわして、森へ引き返していった。

そして狼は狐を見つけると、「よくも、おれをだましたな」といわんばかりに怒って狐に咬みつき、引きずり廻して引き裂いてしまったという話である。（森脇太一『松川・国分・都野津・雲城の昔話と民話集』）

26　池田屋の猫ばばあ（滋賀県）

むかし、越前（新潟県）や加賀（石川県）、若狭（福井県）などの北の国から京へのぼるには、琵琶湖の舟便を利用するのが便利なので、湖北、海津といった湖畔の町はいつもにぎわっていた。

ある時、加賀の飛脚が京へ行く途中、海津の町にむかって山道を急いでいた。国境《くにざかい》の木の芽峠までできてひと息ついた時には、もう陽も落ちて、あたりは暗くなっていた。しかしここまでくれば、あとひと走りだ。

気がつくと、闇のなかに獣の目が光っていた。

「狼だ――」

驚いて息をのんだが、一頭や二頭ではない。飛脚はいつの間にか十頭以上の狼に取り囲まれていたのだ。

飛脚は腰のものを抜いて、身構えた。その時背後から一頭が跳びかかってきたので、夢中で刀を左右に振った。

狼は悲鳴をあげて消えたが、その声が合図にでもなったのか、狼たちは威嚇しながらつぎつぎと周りから襲いかかってくる。飛脚はすきをうかがいながら、背後にある大きな木に跳びつくと、高みによじ登って、やっとひと息ついた。

木の下に集まっていた狼たちの声が聞こえてきた。

「木に登られては、どうにもならん。池田屋のばばあを呼んでこい」

そういう声が聞こえて、一頭の狼が町の方へ走っていった。

木の上にいる飛脚は「池田屋」と聞いて、おやっと思った。池田屋といえば自分がいつも使っている海津の町の旅人宿《はたご》だ。そこのばばあとは誰のことだろう？

飛脚があれこれ考えをめぐらしていると、やがて猫が一匹木の下に姿を現した。「ばばあ」というのは、大きな年をとった猫のことだった。

「池田屋に、あんな大きな猫がいるとは知らなかったな……」

飛脚はつぶやいた。大きな猫は木の高みを見あげると、ゆっくり木に登ってきた。

飛脚は刀を握りしめながら、身構えていた。

猫はいったん足をとめて飛脚の様子をうかがい、脇の枝に移ると、そこから狙いをつけて飛脚に跳びかかった。

飛脚が猫めがけて一太刀ふるうと、手応えがあって相手は悲鳴をあげ、もんどり打って木から落ちていった。

猫がそのまま闇のなかへ姿を消すと、あきらめたのか狼たちも去っていった。

飛脚は木の上で一夜を過ごすと、夜が明けるのを待って海津の町へ急いだ。そして池田屋

へいったが、いつもにこやかな顔で迎えてくれる女主人《おかみ》は姿を見せなかった。家のものに尋ねてみると、

「それがな、ゆんべ厠にいった時、足を踏み外して、大怪我をしてな。起きあがれんで、伏せっています」

と、いうのだった。

あやしいと思った飛脚は、家のものにきのうの夜、木の芽峠で狼に襲われたこと、「池田屋のばばあ」と呼ばれた大きな猫が助太刀に現われたので、切りつけたことなどを話した。

するとと家のものたちは顔色を変え、声をひそめて、こんなことをいうのだった。

「実をいうと、女主人《おかみ》さんの様子が二、三年ほど前からおかしいのです。夕食に魚が出ると、頭から尻尾まで、骨ごとぺろりと食べるようになったのです。そして夜中になるとこっそり出かけていって、明け方に帰ってくるんです」

というのだった。

「それは、猫だ。もう長いこと猫を飼っているというなら――池田屋のばばあとはその猫に違いない」

そう思った飛脚は女主人《おかみ》とは顔見知りの間柄なので、是非見舞いをさせて欲しいといって、女主人《おかみ》の部屋に入ると、女主人《おかみ》は頭から布団をかぶっていたが、布団の脇から猫の尻尾がのぞいていた。

それを見た飛脚がいきなり布団をはぐと、びっくりした大きな猫があわてて逃げだすところを、一刀のもとに切り棄てた。

池田屋の女主人《おかみ》は猫が好きで、若い頃から猫を飼っていた。なかでも長いこと飼って一番可愛がっていた老猫が、家のものたちも知らぬ間に化け猫の猫またになり、女主人《おかみ》を喰い殺して、女主人《おかみ》になりすましていたのだった。猫は年をとると、可愛がってくれているものにも取り憑くことがあるという話である。（偕成社『滋賀県の民話』）。

（メモ）猫の伝説の世界では、猫—狐—狼—猫（年をとった化け猫）と上下の関係のようなものがあり、それがリンクになっているのが面白い。島根県松江に伝わる頭日と思われる狼が「小池婆を呼んでこい」という「小池婆」の話も、ほとんど同類話である。

六　招き猫

27 左甚五郎の招き猫（埼玉県）

むかし、埼玉県児島のある町に、とても繁盛している餅屋があった。店の主人《あるじ》が突然身罷《みまか》ると、それまで忠実一筋だった番頭が店をやめ、あろうことか店の真向かいに新しく餅屋を開いたのだ。

町の客足はみな番頭が出した新しい店にむかい、主人を亡くした店はさびれるばかりだった。

主人の家は子どもに恵まれなかったので、おかみがひとりで頑張っていたが、この先いつまで商売をつづけられるか、年老いたおかみは嘆くばかりだった。

ある日のこと、このおかみの餅屋へ、日光東照宮の眠り猫などを彫って建築木彫刻の名人といわれた左甚五郎が、ひょっこり現われた。おかみは左甚五郎にこれまでのことを話して愚痴をこぼすと、人情家の甚五郎はすっかり同情し、力になってやりたいといいだした。

「袖振り合うも他生の縁というじゃねえか。おかみさんの商売が繁盛するよう、おれが考えてみるべえ」

甚五郎はそういうと、しばらく餅屋の家に泊めてもらうことにしたのだが、

「はじめに断わっておくが、おれがいいというまでは、誰も部屋を覗いちゃならねえよ。約束だ。おかみさんも守っておくれよ」

と念を押して、与えられた部屋に籠《こも》った。

それから何日か経つと、甚五郎は大きな彫り物の猫を抱えておかみの前に現われた。

甚五郎が作ったのは客に手を出して招く猫で、掌《てのひら》に金子がのると、自分の腹のなかへその金子をしまうという「招き猫」だった。

この仕掛けのある猫の彫像を店先に置くと、猫の仕草が見たくて客が寄りつきはじめ、おかみの餅屋はたちまち元のにぎわいを取り戻した。

一方、自分の店の客足がその分減っていき、腹を立てた向かいの元番頭の店の主人《あるじ》は、

「あんな怪しいおかしなものを、店頭に置いて客をとるとはいんちきだ」

と怒り、奉行所へ訴えでた。

もちろん役人に、たんまり袖の下を使っての上でのことだが、そんな世渡り術を知らないおかみは、奉行所へ引きたてられていった。

おかみは役人たちに、旅職人が立ち寄って仕掛けのある彫像を造ってくれたことを、懸命に話した。しかし、役人がおかみのいい分を取りあげることはなかった。

この話を耳にした甚五郎は、旅の途中からすぐに引き返していった。そしておかみの店にある自分が作った猫の置物を持って奉行所へ駆けつけ、役人たちの前で置物の猫を割ってみせたのだ。

猫にはバネ仕掛けの細工がなされていた。目の前で猫のからくりの不思議を見せられて、役人たちはすっかり感心してしまった。

もはや番頭の肩を持つことはできなかった。結局、袖の下まで使って訴えた番頭の方が、主人の恩を忘れた不届きものとして大目玉をくらったという話である。（小林初江『被差別部落の世間ばなし』）

28 豪徳寺の招き猫（東京都）

江州（滋賀県）彦根の城主井伊掃部頭《かもんべのかみ》直孝が、ある時十名ばかりの家臣を引きつれて、江戸の藩邸から武蔵野の丘陵へ遠乗りを試みた。

いまは世田谷区の豪徳寺という地名で知られるこのあたりは、元彦根藩の所領で、この地に弘徳寺という荒れ果てた古寺があった。遠乗りの帰途、直孝の一行がたまたまこの寺の前へさしかかると、門前に一匹の猫がいて、前足をあげて一行を手招く妙な仕草をするので、

「あやしきふるまい、無礼千万。変化《へんげ》の類であろう」

と、若侍が馬から降りて、太刀を抜いて猫の許へ走るのを、直孝は馬上から制止した。

猫は一歩も動かなかった。一行が目の前を通り過ぎようとすると、猫が再び手招くので、

「猫が手招くとは、不思議なものよ」

とばかりに、招かれるまま一服するつもりで直孝は寺を訪ねた。そして和尚の天植秀道禅

師から茶のもてなしを受けていると、その間にあたりが急に暗くなり、雷鳴が轟き、落雷、強風、豪雨というすさまじい天候になった。

　直孝は和尚が長年可愛がっているという猫のたまの招きによって、大雨と恐ろしい落雷にもあわず、活殺自在な和尚の人柄と高徳を知り、深く帰依するようになった。そして荒れ寺であった弘徳寺を井伊家の菩提寺と定め、寺を再建した。豪徳寺の名の由来は、直孝の死後(万治二年、一六五九年歿)、その法名から二字をとって当てたものだという。

　観世音菩薩の化身だったという福を招いた猫のたまは、間もなく死んだので、境内に塚をつくり「招福猫《まねぎねこ》」の名を贈られて墓石が建てられた。その後、その墓石の石片や削った石粉を店の前などに撒いておくと、客を招くという言い伝えが生まれ、墓石は少しずつ砕かれて、ほとんど碑銘はわからなくなってしまった。寺の門前で売り出された「招き猫」は、直孝を手招いた時の猫のたまの格好をかたどったもので、江戸、東京ばかりではなく、全国の商家、ことに水商売の人たちの縁起ものとして喜ばれるようになったという話である。(『世田谷区史』)

29　自性院の招き猫（東京都）

　東京にはもう一寺、招き猫の伝説で知られる猫寺がある。新青梅街道に沿った寺の門柱の上で、小判を持って手招きをしている大きな猫の石像のある新宿区西落合の自性院である。

文明九年（一四七七年）四月、太田道灌は江戸城に向けて進攻してくる豊島氏の軍勢を、江古田ヶ原沼袋で待ち伏せて勝利したが、その前哨戦では石神井城から進攻してきた豊島氏の軍に苦戦を強いられた。そして日暮れのなか道に迷っていると、足元に一匹の黒猫が現れて、道灌たちを茂みのなかにある自性院へ導いた。

一夜疲れを癒した道灌は、翌日戦陣を整えて再び合戦に出て、大勝利を得ることができた。この勝利を前夕の猫のおかげと感じいった道灌は、後に猫の死を聞くと、一体の「招き猫地蔵尊」をつくって自性院に安置し、いのちを救われた黒猫の供養をしたという。

この自性院にはもうひとつ、明和年間（一七六四年～一七七一年）に、「猫面地蔵尊」が奉納されている。

これは、貞女の誉れ高かった小石川の商家金坂八郎治の妻のために、神楽坂の鮨屋弥平が供養として奉納した五十センチほどの石に刻んだ像で、顔が猫の顔というのが珍しい。

鮨屋の弥平が猫面地蔵尊を奉納してからしばらく経ったある日、見知らぬ猫が一匹弥平の店に迷い込んできた。弥平が不憫に思って飼っていると、それからというもの不思議なことに店は日毎に繁盛に向かった。

ところが何年かすると、猫はふらりと外へ出たまま、姿を消してしまったのだ。「猫という生きものは、死ぬ時は人に姿を見せない」という言い伝えを聞いた弥平は、猫は自分の死に場所を求めて家から去っていったのだろうと思って、死んだものとあきらめることにした。そして死んだものなら供養してあげようと、自性院の鑑秀和尚に願って、先に寺に奉納した猫面地蔵尊を開眼してもらい、死んだ猫の供養をしたという話である。（自性院「ねこの地蔵

尊縁起』ほか）

（メモ）自性院の猫面地蔵尊と、道灌が奉納した招き猫地蔵尊の二体の地蔵尊は、同寺院の秘仏として現在も毎年二月の節分の日のみ一般に開帳されている。

30　浅草今土の招き猫（東京都）

嘉永年間（一八四八年～一八五四年）とも、もっと古い慶長時代（一五九六年～一六一五年）のことだともいう。江戸浅草の馬場で、草鞋《わらじ》や駄菓子を商っている独り暮らしの老婆がいた。店が古ぼけて汚いので客が寄りつかず、品物もほとんど売れなかった。

ある時、老婆はすっかり悲観して、可愛がっていたぶち猫を膝の上に乗せながら、

「ぶちよ、毎日なにも売れずにこう貧乏しては、おまえに肴《さかな》をやることもできなくなる。わしが死んだらどうするんだね……」

と、猫に愚痴をこぼしていた。

聞いているのか、いないのか、猫のぶちは老婆の膝の上で微睡《まどろ》んでいた。

するとその夜のこと、老婆の夢にこの愛猫ぶちが現われてこんなことをいった。

「婆さん。婆さん。貧乏しているとて、心配しなさんな。心まで貧しくならない限り、神様や仏様は黙っておくものではありません。ほれ。わたしの姿を、こんな形に土で作って店先

に飾って置けば、きっと店を繁盛させてあげます……」

猫のぶちはそういって、左の前足をあげ、招くような格好をしてみせた。

朝になって目覚めても、老婆は夢の話を忘れずに覚えていた。そして、その日の晩も次の晩も、同じ夢を三日もつづけて見たので、これは不思議なことだと思った。そして老婆は今戸の丸〆《まるしめ》という焼物屋へ出かけていって、夢のなかで愛猫ぶちが教えたように左の前足をあげて招く、猫の像をつくらせた。

その間に、ぶちは老婆の家を出て、どこかへ姿を消してしまった。老婆はまだらの土の像ができあがると、夢のなかでぶちがいったとおり、その猫の像を店頭に飾って、愛猫が帰ってくるのを待っていたが、ぶちは二度と老婆の前に姿を現わさなかった。

まだらの招き猫を店先に置いてからというもの、客足は少しずつふえはじめた。品物も売れはじめて、日ごとに店は繁盛し、からだを休めることができない日も出てくるほどだった。

忙しい、忙しいと夢中で店をきりまわしているうちにたちまち三、四年の月日が経って、店を新しく建てかえることができるほどになっていた。

この老婆の店の繁盛ぶりを見ていた付近の店でも、老婆の店を真似て土焼きの猫を、店先に置いたり神棚に祀ったりして、商売繁盛を祈るようになった。これが浅草今土の招き猫のはじまりだという話である。（塵哉翁『巷街贅説』ほか）

七　猫檀家

31 三毛が返した恩（長野県）

長野県上水内の北小川村古山にある法蔵寺という寺に、むかし住職三代にわたって飼われていた三毛《みけ》という名の牡の三毛猫がいた。

ある朝、三代目の和尚が目を覚ましてみると、衣かけに掛けておいた衣の掛け方が違っていた。不思議に思って手にとってみると、衣はしっとりと湿っていた。

「どういうことじゃな、これは……」

和尚はそう呟きながらひょいと目を移すと、部屋の隅にうずくまっていた三毛と、目が合った。猫はあわてて顔をそむけ、目を閉じて知らぬ顔をしていた。

和尚は「おかしな奴だ」と苦笑をもらしながら、朝のおつとめがあるので、身を整えて本堂へむかった。

ところが次の日の朝も、その次の朝も同じように衣が湿って汚れていた。ここ数日猫の様子もなんとなく気になるところがあるので、三日目の夜、和尚は寝床のなかで眠ったふりをしていると、夜更けに部屋の隅にいる三毛が起きあがった。そして和尚の顔を覗きこんで眠っていることを確かめると、音をたてずに衣かけから和尚の袈裟を外して部屋を出ていった。和尚は布団を抜けると、こっそり後をつけていった。

すると三毛は庭へ降りて、本堂へ入っていく。いよいよ不思議に思った和尚は本堂に忍び寄り、なかを覗き込んで、びっくりした。何十匹という猫が前足の前に尻尾を置いて、きちんと座っていた。後ろの方にはなんと、狐や狸やむじななどの顔も見えた。

お堂のなかに入った三毛は、毎朝和尚が座る上座につくと、前足を合わせてお経を唱えはじめたのだ。猫のことでお経の文句はよくわからないが、ほかの猫たちも同じように前足を合わせて、一緒にお経を唱えはじめた。

「猫が経を読むとは驚いた。門前の小僧習わぬ経を読むとはいうが、猫がなあ……」

和尚はすっかり感心して、部屋に戻ってきた。

翌朝、和尚が衣に手を触れてみると、やはり衣は湿っていた。それを三毛は部屋の隅からちらちら横目で見ているので、和尚は苦笑した。そして三毛を抱きかかえて頭を撫でながら、

「三毛や、ゆうべはご苦労。なかなか上手だったぞ。経などいつ覚えたんじゃ」

というと、三毛は和尚の腕のなかから抜けだして庭へ飛び降り、それっきり寺を出て、二度と戻ってはこなかった。

三毛が寺を出てから一年がたち、二年が過ぎ、和尚も三毛のことを忘れかけていたある日のこと、部屋で書きものをしていると、小坊主が立派なお侍が寺へきて、和尚に面会を求め

ているといってきた。

「立派な侍だと。はて、なんの用じゃろう。ともかく座敷にお通ししなさい。そそうのないようにな」

和尚が座敷へ出てみると、なるほど立派な侍がきちんと正座をして、あちこち部屋のなかを眺めていた。

侍は和尚が部屋に入ってくると、すぐに自分は下座にさがって両手をつき、丁寧に頭を下げた。

「和尚さま、お久しぶりです。なつかしゅうございます」

侍が挨拶するので、和尚は戸惑いながら、

「はて。拙僧も年をとったせいで、お名前を失念してしまい……」

といいながら頭に手をやると、侍は、

「わたしは三年前まで、このお寺で長い間可愛がっていただいた猫の三毛でございます」

と、いうのだった。

和尚はびっくりして、まじまじと侍の顔をみつめた。

「あの時は黙って尊い袈裟をお借りしたことが申しわけなく、後先のことも考えずにお寺をとび出してしまいました。どうかお許しください。そのお詫びをひと言申しあげたいばかりに、こうして参上しました。

長い間、いや先代、先々代から可愛がっていただいたお礼に、安曇郡《あずみごおり》千見《せんみ》の長者下條家を、このお寺の檀家にして差しあげます。どうか、お待ちください」

といって両手をつくと、侍の姿はふっと座敷のなかから消えてしまった。

和尚はあわてて、

「お侍さま。いや、三毛や!」

と、声をあげた。庭をみまわしたが、侍の姿も三毛の姿もなかった。

それから数日して寺に、

「安曇郡千見の下條家の使いのものでございます」

といって、襟を正したものがやってきた。

使いのものは、二代目の当主だった七兵衛信春というものが他界したので、菩提寺の僧侶に葬儀を願ったが、いよいよ出棺という時になると空に黒雲が湧いて大荒れの天気になる。それが同じように三日もつづくので、どうしたらよいか困っていると、旅の僧が立ち寄って、これは古山の法蔵寺に頼みなされ。そうすれば何事もなく葬儀をすすめることができるだろうというので、さっそくお願いにあがったというのであった。

和尚は、これはあの三毛がしたことだなと心中でうなずいたが、仏様のことでもあるので断わることもできず、遠路安曇郡まで出かけていった。そして何ごともなく盛大な葬儀をすませたのだった。

下條家のものたちは大変喜んで感謝をし、それからは法蔵寺の檀家になったので、小川村の古山にある法蔵寺はますます栄えていったという話である。(未来社版『日本の民話』)
(メモ) 長年飼われていた猫が寺を出、その呪力で檀家をふやして和尚に恩返しをするという猫の報恩譚は、「昔話・伝説話型」のなかでも話数の多い「猫檀家」にあたる一話である。次の話「夢での恩返し」も「猫檀家」の変型譚の一話。

32 夢での恩返し（徳島県）

むかし、徳島県鳴門の長谷寺に猫の好きな和尚がいて、一匹の猫を飼っていた。この猫は和尚のいうことをよく聞き分ける賢い猫だったが、どうしたことか年をとってから、隣り近所の家の食べものを盗んだりするようになった。苦情も多くなったので、和尚は困ってしまった。

寺の猫の評判が悪くなるのは、和尚にとっても迷惑なことだ。和尚は猫を部屋へ呼んでいろいろ言いきかせたが、いたずらはいっこうにやまなかった。

長い間可愛がってきたが、もう寺に置くことはできないと考えた和尚は、決心をして猫を捨てることにした。

ある夜、和尚は部屋に猫を呼んで、こういった。

「わしはこれからもずっと、おまえと一緒にいたいと思っておるのだが、おまえはいたずらばかりして、近所に迷惑をかけるようになった。どうして、こうなったのだ。わしは毎日のように頭を下げて、あやまっておる。可哀想じゃが、今日かぎりこの寺を出ていってもらうことにする」

そういってから、

「もしおまえが、これからはもう決してやらぬというなら、寺にいていいし、寺をを出て心を入れかえたら、いつでも戻ってくればいい」

というと、猫はその夜のうちに寺を出ていき、次の日からは姿が見えなくなってしまった。十年以上も可愛がっていた猫がいなくなると、やはり淋しいものだ。もっと猫のことをかばってやればよかったと和尚は思ったが、もう後の祭だった。

月日のたつのは早いもので、和尚はいつか猫のことも忘れるようになっていた。ところがある晩のこと、和尚が眠っていると枕元に寺から黙って出ていったあの猫がやってきて、和尚の顔をじっとみつめていた。和尚が気がついて、

「おお、おまえか。いつ寺に戻ってきたんじゃ。どこへ行っておったんじゃ」

再会を喜びながらいうと、猫も嬉しそうな表情で「長年世話になって可愛がってもらいながら、迷惑ばかりかけてすみませんでした」と、礼と詫びをいった後、こんなことをいうのだった。

「これまで、なにも恩返しができませんでしたが、わたしの話をよく聞いてください。もうじき讃岐の殿様が亡くなります。その時善通寺の和尚が引導を渡すことになっているのですが、善通寺さんではどうにもなりません。その時はどうか、和尚さんがきてください」

猫は殿様が亡くなることを予言し、その葬式をとりおこなって欲しいというのだ。

「お殿様の葬式に、おらのようなちいさな寺の和尚がどうして出ていかねばならんのじゃ。遠くて、お城まで行くには二日もかかる」

そういうと、猫はなにも答えずに、枕元から消えてしまった。

和尚はおかしな夢を見たものだと思ったが、夢のなかとはいえ久しぶりに自分が飼っていた猫と会えて、懐かしい思いにひたっていた。


それから十日ほどたって、和尚は大事な用事ができて、どうしても讃岐の城下までいくことになった。そして城下町にいる時に、殿様の訃報を耳にした。

和尚は夢で見た猫との話を思い出した。そして自分が城下の町に来ている時に、猫が語った予言が起こった不思議な因縁に驚いていると、城から宿所に使者がやってきて、和尚を城中へ案内した。

葬儀は善通寺の僧侶がとりおこなっていたが、どうしたことか殿様の遺体が硬直して、どうしても引導を渡すことができない。城中が大騒ぎになったが、その時どこからか、

「いま城下の町にきている鳴門の長谷寺の和尚に願えばよい」

という声が聞こえ、宿所まで教えたというのだった。

長谷寺の和尚が善通寺の僧侶に代わって、静かに経を唱えはじめると、殿様の硬直が急に解けたので和尚は引導をわたし、大騒ぎの葬儀も無事に終えることができて、家臣たちもやっと安堵した。

自分の寺へ戻ってきた和尚はその時になって、寺から出ていった猫はすでにこの世を去っていて、夢のなかから恩返しをしようとしたのだと気がついた。

その後、長谷寺の和尚の名は高まり、遠い城下の町にも檀家ができて、阿波の外れにある

鳴門のちいさな寺は、大いに栄えたという話である。（前出未来社版『日本の民話』）

八　猫と女房

33 女房になった猫（岩手県）

むかし、岩手県のある村に、山の中腹に拓いたわずかな畑を耕やしながら暮らしている男がいた。

農夫はもう四十の坂を越していたが、暮らしが貧しいため嫁にくるものもいなかった。

この農夫の隣りには、村ばかりか近郊にも聞こえた裕福な長者の家があった。その家の主人《あるじ》は飼っている一匹の猫にさえ、餌を与えるのを惜しむほどの吝嗇《りんしょく》家で、猫が食べものを欲しがって足元に寄ってきたりすると、邪慳にあつかい、

「おまえに喰わせるものなど、家にはない。腹がへったら鼠を捕って喰うか、どこかへいって捜せ」

と首筋を摑んで、家の外へ放り出したりするのだった。

ある寒い夜のこと、くだんの農夫が家の前でしきりに猫の鳴き声がするので出ていってみると、戸外でふるえながら鳴いていたのは、隣りの長者の家で飼われている猫だった。

「こんな晩に、なんで外に出ておるんじゃ。家から放り出されたんか」

といいながら家のなかに入れると、猫はお腹を空かしているらしく、しきりに足元にまとわりついてきた。

そこで農夫は、鍋の底にわずかに残っている夕食の煮物をさらって与えると、猫はよほど空腹だったらしく、見ている間に全部たいらげてしまい、まだ欲しがる素振りを見せた。

「やりたくとも、もう喰うものはないんじゃ。あした腹いっぺえ喰わすから、我慢しろや」

農夫はそういうと、猫を抱きかかえて布団のなかに入った。

こうして、猫は農夫と暮らすようになった。

ある夜のこと、農夫は囲炉裏端で猫の背を撫でながら、

「おまえがよ、人間だったらどんなによかんべな。おらが山の畑へ出て仕事をしている間、おまえは留守番をしながらよ、麦の粉など挽《ひ》いておいてくれる。すればのう、暮らしがもっと楽になる。猫ではそうもならないがのう……」

と、嘆息した。

その晩も、農夫は猫を懐に抱いて寝た。

翌朝、農夫はいつものようにまだ暗いうちに家を出て山の畑へ行き、一日働いて夕方暗くなると戻ってきた。

すると不思議なことに、家のなかからゴロゴロ臼を挽く音が聞こえる。驚いて家のなかに入ってみると、なんと臼を挽いているのは家で飼いはじめた猫ではないか。

「ゆうべ、あんなことをいったので、猫が聞いてくれたんか」

農夫はすっかり喜んで、猫が挽いた麦の粉でさっそく団子をつくり、猫と分けあって食べ

た。

その後も、農夫が仕事に出て家を留守にしている時は、猫が粉を挽いてくれるので、暮らしは少しずつ楽になっていった。


ある夜のことだった。

農夫がいつものように、囲炉裏端に座ってくつろいでいると、かたわらにいた猫が急に起きあがった。そして人間のことばで、こんなことをいいだしたのだ。

「旦那様。わたしがこうした姿をしていたのでは、思うように御恩返しができません。わたしは人間になりたいと思います。お伊勢参りをして、一生懸命祈願をすれば、それがかないます。長いことではありません。どうか願いを聞いて、しばらくおひまをください」

と、いうのだった。

猫と一緒の生活がはじまってから、日々の暮らしも楽しくなったし、張り合いも出てきた。いまとなっては、たとえしばらくではあっても、猫が自分から離れていなくなることなど考えもしなかった。農夫はふと淋しい思いにかられたが、猫のいうことにうなずいた。

翌日蓄えのなかからわずかばかりの路銀を首につけて、農夫は猫を送りだしてやった。

猫は途中悪さをする野犬などにも出会うことなく無事伊勢まで旅をして、念願だった祈願を終えて農夫のもとへ帰ってきたが、その時はもう神仏の功力によって、猫は美しい娘になっていた。そして農夫と夫婦になり、互いに助けあって一生懸命働いたので、後には隣家を凌ぐ長者になったという話である。（前出『聴耳草紙』）

（メモ）「昔話・伝説話型」のなかの「猫女房」にあたる話である。
また嫁が猫だとわかり、峠へ連れ出して斬ると、二人になり、また斬ると四人になり、化け物たちに喰い殺されるという新潟県柏崎の話、美しい嫁の前にまたたびを置いたら猫の正体を現わしたという長崎県の話など面白い「猫女房」型の変型譚もある。

34　死んだ若妻の怪（福島県）

むかし、福島県信夫《しのぶ》のある村に、夫婦になってまだひと月もたたないというのに、恋女房に死なれた若い男がいた。

男はすっかり落胆して自分の部屋に引きこもり、亡くなった妻のことばかり思い悩んでいた。

心配した友人たちが訪ねて慰めたが、なんとも気掛かりなので両親に、

「夜は心掛けた方がよろしい」

といって帰った。両親はその忠告を受けいれて、その夜から男の部屋の近くで様子をうかがうことにした。

すると、いつ入りこんだのかまったく気づかなかったが、夜更けになると、部屋のなかから、若い女と睦まじそうに話をする倅の声が聞こえてきたのだ。

両親は驚いたが、どうしてよいのかわからなかった。

倅の部屋とはいえ、勝手に戸を開けて入るのもはばかられるし、声をかけるのも気がひけるので黙っていた。そして翌朝、忠告をしてくれた友人たちに相談した。

その結果、夜になったら親が男の友人たちを招いて酒宴をはり、そこへ倅も引っぱりだして、その間に友人のひとりが男の部屋に入りこんで確かめることにした。

夜が更けて、計画どおりに友人が男の部屋で様子をうかがっていると、部屋の戸も開かないのに、音もたてずに若い女が部屋に入ってきた。友人が布団のなかから様子をうかがっていると、女は不審げに、

「わたしがくるのが遅くなったので、ご機嫌を損ねたのですか」

と言いわけをしながら、友人が寝ている布団に入ろうとした。

その顔を見ると、口は耳元まで裂けているが、化粧をした顔は亡くなった男の妻の顔だった。

化け物を見た友人は用意していた刀を抜き、いきなり下から切りつけると、女はのけぞるように後ろに跳んだ。

友人は女ととっ組み合いとなり、顔をかきむしられながら声をあげると、ほかの仲間たちも駆けつけてきて、女を組みふせた。若い女は長年その家に飼われていた猫だった。

男は死んだ妻が七日目に現われて、こう告げられたという。

「わたしは閻魔大王の好意を得て、百日の間だけ、ひそかにあなたの許に通ってもよいといわれたので、こうしてやってきました。このことは大王さまとの約束ですから、だれにも話

してはなりません」

それで男は黙っていたというのだが、死んだ妻が家に飼われている猫にのり移って、恋しい夫のところへ通ってきていたという話である。（山下昌也『おもしろ妖怪列伝』）

35 猫と観音さま（山形県）

むかし、観音さまを祀った山形県置賜《おきたま》のある寺に、一匹の猫が飼われていた。

猫はよく観音さまに仕えていて、鼠を観音さまに近づけることがなかったので、猫が寺にきて十年近くになるが、観音さまはどこもかじられることなく、静かに座っておられた。

ある日のこと、猫は観音さまにむかって、

「どうか、わたしの願いを聞いてください」

と、うやうやしく頭を下げた。

「おまえは昼も夜も、よくわたしを守ってくれている。どんな願いがあるのじゃ。申してみよ」

観音さまが静かな声でいうと、猫はかしこまって、

「わたしはずっと、人間になりたいと思っていました。たったひとつのお願いです。なんとか人間の花嫁にならせてください」

というのだった。

観音さまは、にっこりうなずいた。そして猫の「たったひとつのお願い」を、聞いてやることにした。

「それでは、かなえてやるから、人間の花嫁になってみよ」

観音さまがいうと、猫は立ちあがって、ぴょんと宙で一回転して、花嫁の姿になった。猫はよほど花嫁になりたかったのだろう。頭にきれいなかつらまで被っていた。長い間心に願っていたというだけあって、その姿は観音さまも目を見張るほど美しい花嫁の立ち姿だった。

「ほほう。立派な、すてきな花嫁になったな。それでよいが、今度はわたしからの、たったひとつのおまえへの願いじゃ」

観音さまは微笑をもらしながら、猫の花嫁にいった。

「そうやって、姿ばかりではなく、いままでの性《さが》をすっかり断つこと。もう絶対に、庭の池の蛙《びっき》や鼠を捕るでないぞ。いいな」

観音さまに念をおされて、猫の花嫁は神妙な表情で、

「はい。わかりました」

と、答えたので、観音さまが仲介をして、隣り村の長者の息子のところへ嫁がせることにした。

ところが結婚式の当日、三々九度の最中に、でっぷり太った、さもおいしそうな鼠が部屋のなかに入ってきたのだ。猫にとっては何といっても鼠が一番好物なので、腹ぺこの花嫁のお腹がぐうと鳴った。

花嫁は舌なめずりをすると、花嫁の姿のまま鼠にとびかかっていって、がぶりと咬みつい

た。猫は人間になっても、死ぬまでその気性は変わらないという話である。（武田正『雪女房―置賜の昔話』）

36 我如古《がくに》の猫（沖縄県）

沖縄県宜野湾の我如古の村に、むかし独りものの爺がいて、毎日畑に出て一生懸命作物を育てていた。

ある日の夕方のことだった。爺が畑から家に帰って一服していると、「今晩は」といって、若い女が訪ねてきた。

どこから歩いてきたのか、若い女は疲れているらしかった。家のなかに入れると肩を落として座っているので、爺はお茶を出し、芋を三つほど出してやると、若い女はものもいわずに芋を口のなかに押し込むようにして食べた。そして突然、

「わたしを、あなたの女房にしてください」

と、いいだしたのだ。

爺はびっくりして呆気にとられ、女の顔をみつめた。

「お願いします」

若い女は前よりも深く頭を下げて、じっと爺の顔を見ていた。その目にみつめられていると、爺はどうしてよいのかわからなくなった。嫌だともいえない気持ちにもなっていった。

その晩から、若い女は爺と暮らすようになった。

月日の経つのは早いもので、いつか二人の間に三人もの男の子ができて、毎日楽しい日がつづいていた。

子どもたちも大きくなったある日のこと、爺はいつものように朝早くから畑に出ていった。子どもたちも後から手伝いにいったが、鎌を忘れてきたことに気づいて、一番上の男の子が家へ取りに戻っていった。

農具が置いてある小屋に入った息子は、ふと妙な気にとらわれた。いつもは唄など歌いながら陽気に家の仕事をしている母親なのに、家のなかから物音ひとつ聞こえなかった。

息子は不思議に思いながら母屋を覗いて、それこそ息がつまるほど驚いた。

母親の顔が猫に変わったかと思うと、さっと天井へ向かって跳びあがり、床の上に降りた次の瞬間、口に大きな鼠をくわえていたのだ。そして母親は鼠をくわえたまま家の後ろの藪のなかへと姿を消していった。

息子は息を切らして畑へ戻ったが、目にしてきたことを父親の爺には話さずに黙っていた。

あくる日も父子で畑に出て、みんなで仕事をしていたが、一番上の息子はすぐ下の弟を誘って家に戻り、そっと家のなかを覗いていると、母親はきのうとまったく同じように猫の顔になり、天井の鼠をくわえて、家の後ろの藪のなかへ入っていった。一番上の息子が弟を誘ったのは、自分が見たことを、確かめたかったからだった。

畑に戻った二人が自分たちが目にしたことを父親に話すと、黙って聞いていた父親の爺は、最後まで何もいわなかった。そして次の日、息子たちを畑に出すと自分は町へ出かけていってざる一杯の魚を買い、ざる一杯のご飯を炊いて若い妻の前に出し、

「何もいわぬから、これを持ってここから出ていってくれ」

といって、若い妻を家から追いだしてしまった。若い妻は子どもたちに声をかけていきたかったが、爺が許さなかったので、足早やに家から出ていった。

爺がその後をつけていくと、若い妻は長柵《ながさく》という畑ばかりのところにある洞穴のなかへ入っていった。

爺が洞穴まで近づいてなかの様子をうかがっていると、洞穴の奥から若い妻の声が聞こえてきた。

「わたしはすじゃ（人間のこと）に子どもを産んでやった。三人の子どもたちも立派に育ててやったのに、すじゃはその恩も感じずに、このわたしを追いだした。情のわからないこの仕打ちが、くやしい。あの年寄りをどうしても殺してやりたい」

それに応えて、男の声が聞こえてきた。

「おまえがどんなに智恵をしぼってみても、それはどうにもならん。人間はな、物知りだ。こちらのことは、なんでも知っておるんだ。もしおまえが、その年寄りを殺そうとした時に、
　我如古長柵の　青《おお》泣き猫《まやー》
　青泣きするな　高泣きするな……

と、呪文を唱えられたら、おまえはどうする」

といって、男の声は呪文のその後をつづけた。

「青泣きすれば　松の頂に
首くくり　下げられるぞ
南　風《ふぇーぬかじ》吹けば　北《にし》の松に　がっぱら（コツン）　がっぱら（コツン）
北風《にしかじ》吹けば　南松《ふぇーまり》に　がっぱら　がっぱら
ああ怖《うと》ろしや物《むん》ど

と呪文を唱えられたら、どうする。おまえはどうすることもできんではないか」

「人間がこの呪文まで、知ってるものか」

「じゃあ、勝手にするんだな」

爺はこの話を聞いてびっくりしたが、よいことを聞いたと喜び、聞いた呪文を忘れないように何度も口のなかで繰り返しながら、家に戻っていった。

その晩のこと、子どもたちが眠った頃、猫の泣き声が聞こえてきた。猫の泣き声は怪しく、また異様に高く聞こえた。

爺は、「取り憑いて殺してやる」といっていた猫の言葉を思って恐怖を感じたが、すぐにあの呪文のことも思い出して唱えはじめた。

すると気味の悪い猫の声は、だんだん小さくなって、消えていった。

猫は呪文を唱えられると、家に近づくこともできずに去っていったのだ。

猫の妻は執念深く、その後も毎晩のようにやってきて青泣き、高泣きをしていたが、不思議なこの呪文のため何もできなかったという話である。（『佐喜真興英全集』ほか）

九　猫絵の話

37 ある猫絵の話（富山県）

むかし、富山県婦負《ねい》のある村に、絵を描くことが好きな男の子がいた。その子は朝から晩まで、大好きな猫の絵ばかり描いていた。

ある時、何を思ったのか、その子は両親に、

「おら、絵を描きながら諸国を旅したい」

といって、絵の道具を背負って家から出ていった。

いくつか山を越えて、小さな里村に入ったところで、あたりが暗くなってきた。男の子はどこか泊めてくれる家はないかとたずね歩いたが、どこも泊めてくれるところはなかった。それでもやっと、年寄りの爺が村外れに空き寺があると教えてくれたが、いってみると、長年人の住まない寺は荒れ果てて、化けものでも出そうなところだった。

男の子は本堂の床に背負ってきた絵の道具をおろすと、周囲を見まわした。静まり返った本堂のなかには、不気味さが漂っていた。怪しい化けものの気配さえ感じられるほどで、男の子はそれを断ち切ろうと、大好きな猫の絵を夢中で描きだし、それを何枚も本堂の壁に貼

りつけた。

「これでよい。おまえたちと一緒におれば、心も落ちつくわ」

男の子は壁に貼った猫の絵を見まわして、ほっと笑みをもらした。そして床の真中にごろりと横になって、目を閉じた。

疲れが出て、どれほど眠ったのかわからないが、目を覚ますと夜が明けていた。夜更けに一度、鼠たちが走りまわるような物音を聞いたように思ったが、定かではなかった。

ところが目をこすりながら周囲を見ると、大変なことが起きていた。年をとった大きな鼠一匹と十匹ばかりの鼠が咬み殺されて、床に血を流して転がっていたのだ。そして、ゆうべ描いて本堂の壁に貼りつけた猫たちの絵の口のまわりには赤い血がついていた。

夜更けに絵のなかから跳び出した猫たちが床に出てきた鼠を咬み殺して、また絵のなかに戻っていたという話である。（前出未来社版『日本の民話』）

38 不思議な猫絵（福井県）

むかし、福井県の坂井に、猫の絵ばかりを夢中になって描いている若い男がいた。

男は朝から一日じゅう部屋のなかで猫の絵を描きつづけていて、畑仕事はおろか、ほかのこともなにひとつしないため、とうとう家から追いだされてしまった。

男にとって大切なのは、もちろん自分が心をこめて描いた猫の絵だった。男はそれまでに描いた猫の絵を行李《こうり》いっぱいに詰め込むと、それを背負って家を出た。これからは自分が描いた猫の絵を一枚でも売らないと食べていくことはできない。男はとにかく都へいこうと、野を越え川を渡り、山道を登って歩きつづけた。

山をいくつか越えたところで日が暮れてきたので、どこか泊まるところはないかと見まわすと、向こうの森のかげに、ぼんやり家の灯が見えた。男が疲れた足を引きずるようにして歩いていくと、灯は二階家の大きな家のもので、まわりには朽ちかけた家がいくつかあった。男がその家を訪ねると、なかから娘が出てきたので一夜の宿を乞うた。娘はこころよく肯いて、男を家のなかに招じ入れてくれたが、その大きな家に、娘がたったひとりで暮らしていると聞いて、びっくりした。

通された広い部屋のなかには、大きな石のからと（米びつ）がたったひとつあるだけで、ほかにはなにもなかった。不思議に思った男がそのわけを尋ねると、娘は、この家には両親と兄がいたが、家にはたくさんの鼠がいて三人は喰い殺されてしまい、家具などもみんなかじられてなくなってしまったといった。まわりの家には五、六年前までは人が住んでいたが、みんな鼠に喰い殺されたり、恐ろしくて他所へ逃げ出していってしまったというのだった。

「わたしも、ここから逃げ出したいと何度も思いました。でもどこにも身寄りがないので、仕方なくここにいるのです」

娘はそういうと、こんなことをつけ加えた。

「鼠たちは夜中になると出てきます。昼間は決して出てきません。わたしが生きていられるのは、そこにある石のからとのなかで寝ているからです。そのからとも鼠にかじられ、だんだんへってきました。わたしを狙って鼠たちが石のからとをかじる音を聞いているのは、恐ろしくてなりません……」

娘は涙ながらに、そう語るのだった。

男は何とかして、この娘を助けてやりたいと思った。そして、これまで描いてきた猫の絵を行李のなかから取りだすと、壁一面に貼りつけた。自分には猫の絵を描くことしかできないが、一生懸命心をこめて描いてきた一匹一匹の猫の絵のなかに、猫の魂もこめて描いてきたのだから、絵であっても鼠除けの役にたたないことはないと考えたのだ。

夜中になると、娘がいったとおり鼠があちこちの壁の穴から出てきた。二階からもぞろぞろ降りてきて、部屋のなかに群れた。あまりの多さに男はびっくりしたが、男は壁に貼り付けた絵の猫たちをみつめた。

絵の中の猫たちも、じっと男の顔をみつめていた。そして男が、

「いいか、おまえたち。ここでひとつ働け！」

と力強くいうと、不思議なことが起こった。

絵のなかの猫がつぎつぎと紙を破って、跳びだしてきたのだ。そして部屋に群がっている鼠たちを追いまわして、手当たり次第に咬みつきはじめた。

こうして、三晩繰り返して鼠を退治したので、鼠は一匹もいなくなった。後で死骸を数えたところ、なんとその数は四万六千匹だったという。

若い男はその後、この家の娘と夫婦となって、好きな猫の絵を描きつづけ、娘と幸せに暮らしたという話である。（前出未来社版『日本の民話』）

（メモ）松浦静山の『甲子夜話』に、次のような記述がある。
「鼠の蚕にかかる防《ふせぎ》とて猫を殊に選ぶことなり。上品の所にては、猫の価五両位にて、馬の価は一両位なり。土地によりて物価の低昂かく迄なるも咲《わらう》べし」。

猫一匹の値が馬一頭の五倍とは驚く。各地の養蚕農家や鼠害に苦しむ家では猫を飼ったり、猫の絵が描かれている護符や呪符などを家のなかに貼ったりする風習が昭和のはじめ頃まで残っていた。

江戸の町にも「猫かこう、猫かこう」と街頭で呼ばわりながら自分が描く猫の絵を売り歩く猫絵師が何人もいたらしく、秋田出身の僧伯仙、子を背負いながら売り歩く雲洞山人などの名が知られている。猫絵を家のなかなどに貼るのは絵のもつ呪術的信仰習俗のあらわれだろうが、最も知られたのは上野国（群馬県）新田の殿様が描く「新田猫絵」である。新田岩松家は南北朝時代新田義貞に従って武勲をあげた名門だったが、家康のおぼえが悪く、わずか百二十石の貧しい殿様であった。江戸にのぼる時の行列も数十人というわびしさだったという。ここから殿様の猫絵描きの副業がはじまったのだが、新田岩松家は義寄から四代続く殿様がみな猫絵描きの才能に恵まれた。二代目徳純が文化十年（一八一三年）九月から約ひと月にわたって善光寺参詣のために信州を旅した記録によれば、その間に九十六枚もの猫絵を沿道の有力な農家の求めに応じて描いている。

最後の四代目俊純の猫絵は「八方睨みの猫」として特徴があり、明治になって「バロンキャット」（猫男爵）の愛称でイギリスでは日本の動物愛護家として知られたという（板橋春夫

「新田猫と養蚕——岩松新田四代が画いた猫絵をめぐって」（『民具マンスリー』第二十一巻七号）。

青葱堂冬圃『真佐喜のかつら』に、次のような辛辣な一文がある。

「或年、四谷湯屋の横田氏に岩松氏（何代目か不詳）しばしの間逗留せし折、一夜俳席へ招かれ、猫の絵を乞うにまかせて書いてあたえられ、家にもどり飯粒にて壁へ張りしが、翌朝みれば鼠かのめし粒を喰《くわ》んとにや、猫の絵も悉く引きさきぬ。又同じ頃市中をいやしげなる男、鼠除猫の絵と呼び歩き、望みのものへは纔《わず》かの料にて書きあたへぬ。此ものの書きたるは岩松氏にはまさりしよし」。

十　猫と湯治

39　和泉式部と猫（福島県）

平安中期の女流歌人として知られる和泉式部は、福島県石川の在に生まれたという。

式部は少女の頃、在所の里にこんこんと湧き出る清水のほとりにきては水鏡で顔を洗い、髪を梳《す》くことを楽しみとし、美しい乙女になったという。

式部は故里を出て京の都へのぼる時、一匹の愛猫を残していった。猫は式部を慕って鳴いていたが、間もなく病んで衰えはじめた。すると猫は主人の式部が通っていた里の泉に、毎日のように出かけていき、そして泉の水を浴びると、いつか病いも癒えて、元のように美しい元気な猫になった。

置いていかれた猫を憐れんでいた里の人たちは、その時になって、はじめて泉が霊水の湧き出る泉であることを知った。そして猫に教えられた泉の水を汲んできて湯を湧かして入浴すると、ほとんどの病が治ったという。

諸病、特に神経症に効験あらたかなことがわかると、里の人たちは泉の水を引いて湯治場をつくった。すると猫が見つけた温泉の噂を耳にした近隣の村々からも、たくさんの湯治客がやってくるようになって、いつか「猫啼温泉」と呼ばれる名湯のひとつになったという話である。（福島『旅館井筒屋のパンフレット』）

式部と猫に関する「猫啼温泉」の由来話には、もう一話、地元に伝わる次のような話がある。

むかし、和泉式部が都へのぼるため、この地を流れる北須川のほとりまでやってきた時のこと、連れていた愛猫が病気になった。式部は先を急ぐ事情があって、病気の猫をかたわらの木につないで都へのぼっていった。

残された猫は、主人を慕って何日も哀れな声で鳴《な》きつづけていたが、そのうちに鳴き声もやんでしまった。里の人たちが見にいくと、猫は病いも癒えて、こんこんと湧き出る湯につかっていたという。この温泉は　疾に効能があるという話である。

40　猫の秘密を聞く（石川県）

石川県の能登半島西部海岸のある村に、猫を可愛がっていた婆さんがいた。

ある時、魚を焼いていて、ちょっと油断をしていた間に、その猫が魚を盗って食べてしまった。

怒った爺さんが囲炉裏の火箸を取ってなぐりつけたので、猫は足を折り片足を引きずったまま、どこかへ姿を消してしまった。

それから数日後、隣りのおやじさんが和倉の温泉へ湯治に出かけ、部屋でくつろいでいると、飛白《かすり》の着物を着た若いアンサマ（若もの）が、部屋に入ってきた。

「隣りのおやじ様、来とったかいね」

気軽に声をかけてきたが、おやじさんはまったく知らない若ものだった。

「あんたは誰や。わしは知らんがな」

と、けげんな顔を返すと、若ものはすぐに猫に姿を変えたのだ。

「なんだい、隣りの猫じゃないか。どうしてこんなところに来とるんだ」

不思議に思って尋ねると、猫は、

「おらも、悪かったんだ。婆さまが焼いとる魚をつい盗って喰ったから、爺さんが怒ってな、エンナカ（囲炉裏）の火箸で思いきりなぐられて、足の骨が折れたもんでな、ここへ湯治にきたんです」

と、語った。

「それで、おまえは直ったら、またあの家へ帰るんか」

隣りの家のおやじさんが聞くと、猫は、

「帰る。あの家へ帰ります。やっぱり怨みをはらさにゃ、気が収まらない。爺さんのこと、思いきり咬みついて、怨みを返します」

ときっぱりいうので、隣りの家のおやじさんはびっくりして、猫といえども乱暴をして痛めつけたらいかんと思った。そして早々に家に帰って、この話を隣りの爺さんに伝えた。

「爺さまよ、猫が帰ってきたら、気ィつけてな。謝って、これからも可愛がってやってくだされ」

といったので、爺さまも納得して笑顔でうなずき、猫が家に戻ってくると、隣りの家のおやじさんがいったようにご馳走して、猫にあやまったという話である。（臼井甚五郎『口承文学大概』）

この能登の話とほぼ同様の話が、遠く離れた長崎県島原半島の小浜に伝えられている。

むかし、小浜の町に魚屋があって、一匹の三毛猫を飼っていた。親爺の代には市場から魚を買ってくると、真っ先に初魚を三毛猫にやっていたが、息子の代になってからは一匹もやらなくなった。それどころか、猫が物欲しそうに魚のそばに行くと、すぐ大声で追いたてられるようになった。

ある日のこと、猫が魚のそばに近づいていくと、息子はどなりつけ、持っていた包丁の背で猫を叩いた。

すると、どうしたはずみか刃の方が当たって、猫は背中に怪我を負い、そのまま床下に逃げこんで何日も姿を見せなかった。

猫はもうその時は、肥後の比奈古の湯に湯治に出かけていて、怪我が直って家に帰ったら息子に仇討ちをしようと考えていたのだった。

その頃、一人の六部がちょうど同じ比奈古の湯に湯治に出かけていた。静かに湯につかっていると、かたわらの岩のむこうでぴちゃぴちゃ水音がするので覗いてみると、三毛猫だった。

「おまえ、どこから来たんか」

と、尋ねると猫は、

「長崎の島原でござる」

と答えた。

「長崎からどうしてこんなところまで来たのだ」

と、なおも尋ねると、三毛猫は湯治にきた理由をこまかく語り、

「傷が直って帰ったら、あの息子の咽元に喰らいついて、取り殺すつもりでござる」

と、いうのであった。

六部は猫の話を聞いて驚いたが、聞き流すような表情をみせながらいった。

「さようか。で、おまえはこの湯にきてから、幾日くらいになるんだ」

「二週間になります。もう怪我もだいぶ良くなりました」

「それでは、いつ頃帰るんだ」

「もうあと、一週間もすれば帰ります」

それを聞くと、六部は修行を後まわしにして、人命を救おうと、湯治場を出るとまっすぐ長崎の島原にむかった。そして小浜の魚屋にいって話を聞いてみると、三毛猫が話したとおりなので、

「もう一週間もすると、あの猫が仇を討ちにここに帰ってくるから、どこにいっていたか、心配していたといって、いたわってやったらいい。上等な魚で刺身でもつくって、戸口に置

いておきなさい」

六部はそういって、去っていった。魚屋は六部がいった通りのことをして待っていると、やがて帰ってきた猫は戸口のご馳走を見て、喜んで食べ、魚屋を見てもなにもしなかったという話である。（前出『島原半島昔話集』）

十一　猫と芝居

41　猫の由良之助（大分県）

むかし、大分県の山のなかのある村に、小さな寺があった。

ある夜遅く、法事を終えた和尚が林のなかの道を帰ってくると、稲荷さんの祠《ほこら》のなかから、なにやらにぎやかな声が聞こえてきた。

和尚がそっとなかを覗いてみると、たくさんの猫が集まって、芝居見物をしていた。

舞台では猫の役者たちが歌舞伎の「仮名手本忠臣蔵」を演じていて、ちょうど四段目の塩《えん》谷《や》判官切腹の有名な場面だった。判官に扮した猫が刀を抜いて切腹しようとしていたが、その場に駆けつけることになっている由良之助がなかなか登場してこないので、見物している猫たちが騒いでいるのだった。

その時、やっと花道から跳んで出てきた白い猫が、

「由良之助、ただいま参上！」

と、仕草よろしく判官のところへ駆けよっていった。

和尚が目をこらしてよく見ると、その猫はなんと、自分の寺で飼っているたまという牡猫

ではないか。

「遅かったぞ、由良之助。それに衣装もつけずに、不届千万。お客に失礼であろう」

と、切腹しようとしていた判官が叱りつけると、由良之助は、

「心ははやれど、今晩は寺の婆さま、熱い雑炊を喰わせるんだ。腹がへっては芝居はできめえと思い、雑炊ふうふう吹きさまし、やっと喰って、すっ飛んでまいったところで……」

と、台詞混じりの口調でいいながら頭に手をやると、その仕草がよほどおかしかったのか、見物している猫たちは大喜びで拍手した。

和尚はそこまで見て寺に帰ってくると、身のまわりの世話をしている老婆に、

「たまはおるか？」

と、猫のことを尋ねると老婆は、

「そのへんに、おりませんか。さっきまで、ふうふういいながら熱い雑炊を食べておりましたが……」

と、いうのだった。

たまは翌朝になって寺へ戻ってきたので、和尚はたまを抱きあげて頭を撫でながら、

「たまよ、ゆんべの由良之助。なかなか面白かったのう」

と、ほめた。

するとたまは恥ずかしそうに首をすくめたが、和尚の手を離れると、そのまま寺を出てどこかに消えてしまい、再び寺へは戻ってこなかったという話である。（前出未来社版『日本の民話』）

42 猫の忠臣蔵（山梨県）

むかし、山梨県の上九一色村《かみくいしき》に、仲のよい爺と婆が住んでいた。夫婦になって、かれこれ三十年が経つが子どもには恵まれなかった。二人は淋しがっていて、たとえ猫の子でもいいから、飼ってみようとつねづね話し合っていたところ、どこからともなく一匹の子猫がやってきた。

二人はたいへん喜んで、その猫を飼うことにして、ぶちという名をつけた。そしてうまいものを食べさせ、子どものように可愛がって育てていた。

十三年の年月がまたたくまに過ぎ、ぶちも大きくなって、犬ほどにもなっていた。育っている間に、ぶちは戸障子をひとりで開けたり閉めたりできるようにもなっていた。

ある年の秋のことだった。夕食の後に爺と婆が囲炉裏にあたりながら四方山話をしているうちに、いつしか話は自分たちの行く末のことに及んだ。

爺はふと、囲炉裏の脇に寝ころんでいる猫のぶちに目をやると、

「おいらもずいぶん年をとったが、ぶちも年をとったもんじゃ。これじゃ、おいらが先に逝《い》くか、ぶちが先かわからん。もしおいらが先に逝ったら、後に残ったぶちは可哀想じゃな……」

と、憂《うと》い話をしていると、脇で居眠りをしていた猫のぶちが、急に起ちあがった。

二人の話を聞くともなしに聞いていたぶちは、伸びをして姿勢を正すと、爺と婆にむかって、

「おら、長い間、爺様と婆様に可愛がってもらってましたが、今度《こんだ》ァ暇を出してください」

と、はっきりいうのだった。

爺と婆は驚いて、

「ぶちや、おまえはなぜ急にそんなことをいうんだ。おいらは死ぬまでおまえと、ずっと一緒に暮らすつもりじゃ。この家を出ていくなどと、そんなこと、いうではない」

爺はそういってしきりに止めたが、ぶちはうなずかなかった。そして長い間厄介になったその恩返しに、爺と婆は芝居が好きで、よくその話をしているから、是非芝居を見せたいというのだった。

爺と婆は若い頃、近くの村にやってきた旅芝居の一座の興行を見たことがあった。

「おらたちは、まだ忠臣蔵をぶっ通しで見たことはないから、もしおまえが見せてくれるというなら、冥土の土産に忠臣蔵を始めからおしまいまで見たいものだ」

爺は半分冗談のつもりでいったが、ぶちは顔色もかえずに、

「わかりました。けれどもいますぐにはできません。来月の三日まで、待ってください。その日には爺様も婆様も、村外れの野辺にある岩の下までできてください。必ず迎えに出ますから」

そういうと、ぶちは首から下げている鈴を鳴らしながら、どこへ行くのか、家から出ていった。

月が改まって、やがてその日がやってきた。爺と婆は約束の村外れの野辺の岩の下へ出かけて、石の上に腰を下ろした。

するると、かたわらの草むらのなかから聞き覚えのある鈴の音が聞こえてきて、ぶちが姿を現わした。爺さんと婆さんはぶちの元気な姿を見て、喜んだ。ぶちは、

「そんじゃ芝居をするから、ゆっくり見ていってくりょ」

といって、くさむらのなかに姿を消した、と思うと、いままでなにもなかった草原に、立派な舞台がかかって、その前に白い幕が張られていた。

幕が引かれると、舞台の上にはこれまで見たこともないほど綺麗な衣装を着た役者が出てきて、忠臣蔵の初段から芝居をはじめた。

なかなか見事な芝居で、爺さんと婆さんはただびっくりして、「うまいなあ」「ええなあ。こんな芝居見ることとぁ、生まれてはじめてどぉ」といっているうちに幕が下り、またあがると、もう次の芝居がはじまっている。幕があいてはしまり、あいてはしまりしているうちに、とうとう忠臣蔵十段を、ぶっ通しでやってしまった。

爺さんと婆さんは、ただただ嬉しくて嬉しくて、まるで夢のような心地でいると、急にいままであった舞台もなにもかもが一切消えてなくなっていた。その後はいくら待っても、名を呼んでも、ぶちは再び姿を見せることはなかったという話である。（土橋里木「猫の忠臣蔵」、「旅と伝説」昭和九年十二月、昔話特集）

43 ナムカラタンノ・トラヤー（岩手県）

むかし、岩手県九戸のある村で、和尚が大きな虎猫を飼っていた。

和尚はこの猫をたいへん可愛がっていて、

「トラや。おまえはほんとうにめごい（可愛い）のう。こうして一緒に暮らしてから、もう何年くらいになるかのう。長いつきあいじゃのう」

縁先で日なたぼっこをしている猫の背を撫でながら、和尚は目を細めながらいった。

トラは、ほとんど寺から外へ出ていくことはなかった。昼間はのんびり日溜まりなどに寝転んでいた。ところが年をとるにしたがって、夜どこかへ出ていき、朝になって帰ってくることが多くなっていた。

ある時、和尚が、

「おまえはこの頃よく夜遊びにいくようになったが、いったいどこへ行くのじゃ」

と尋ねたが、トラはなにも答えなかった。

――その日も夜になると、トラがこっそり寺を出ていこうとするので、和尚が引きとめた。

「トラよ、今夜も行くんか。なにをしにいくんじゃ」

というと、トラは困った表情をしていたが、

「絶対に、ここだけの秘密ですよ」

と和尚に釘をさして、話しはじめた。

「お寺の裏の山にある沼に、夜になるとたくさんの仲間が集まってくるんです。この村の猫だけではありません。山を越えて、あちこちの村や里からもきます。そして、源平の合戦をやってるんです。おれは源氏の大将で、げんずい山の里にいるブッ猫が、平家の大将じゃ。沼にたくさん舟を浮かべてな、戦うんです」

和尚は話を聞いて、びっくりした。そして、是非その合戦を見せてくれと、トラに頼んだ。トラは、「これはわしらの秘密だから」といって一度は断わったが、長い間可愛がってもらっているので、それならほかの仲間たちに気づかれないように、「藪のなかからこっそり見るように」と約束させて、承知した。

和尚はトラの後について、寺の裏山へ登っていった。そして沼のほとりに着くと、茂みのなかに身を沈めて、猫たちが演じる源平の合戦をそっと観戦することにした。

すると、二手に分かれた猫たちは棒切れや板切れの舟に乗って大立廻りをはじめ、互いに舟をぶつけあったり、相手の舟に乗り移ろうとしたり、舟の上でとっ組みあったりの大合戦がはじまった。

熱の入った猫たちの戦いぶりを夢中で見ていた和尚は、どうしたことか突然手を合わせると、いつもの大きな声で思わず「南無阿弥陀仏」と念仏を唱えてしまった。

とたんに猫たちの源平の戦いは途絶え、いままで明るくなっていた周囲が真暗になり、猫たちはみな姿を消してしまった。

和尚が寺へ戻ってくると、間もなくトラが帰ってきた。トラは沼に落ちたのか、全身ずぶ

濡れだったので、和尚が手拭で拭いてやると、トラは忿懣やるかたないという様子で、

「和尚さん、どうして約束を破ったんです。みんな沼に落ちて、たいへんな目にあってしまった。たくさんの仲間たちが、沼で溺れ死んでしまったんです。おれは天国へいって、みんなに謝らなければならないから、唐竹をたくさん焚《た》いてください」

トラは、真剣な顔でいった。和尚はいわれる通り唐竹を集めて庭で燃やすと、トラは和尚にむかって、

「長い間お世話になって、いつかお礼をしなければと思っていたのに、できなくなってしまった。これから、もし困ったことがあったら、おれの名を呼んでくだされ」

トラはそういうと、燃える唐竹に登っていった。和尚はあわててトラにむかって、

「トラや、おまえは死ぬ気か。戻ってくるんじゃ。おまえを呼ぶ時、なんと呼んだらいいのじゃ――」

心を乱して思わず大声で口走ると、トラは燃える火のなかから、

「お経を唱える時のように、『ナムカラタンノー・トラヤー』といってください」

といい残して、天にのぼっていった。

トラがいなくなってから、和尚は毎日淋しい思いをして暮らしていた。

ある時、村の旦那衆が亡くなって葬儀がおこなわれた時、葬列が寺の門の前にくると、突然棺が天に浮かびあがったので、大騒ぎになった。和尚もびっくりしたが、すぐにトラがいったことを思い出した。そして天にむかって手を合わせ、

「ナムカラタンノー・トラヤー」

と唱えると、宙に浮かびあがった棺が降りてきた。葬列に参加していた人びとは、ほっとして棺を担ぎなおすと、ゆっくり寺の門をくぐって無事に葬儀をすませることができた。

このことがあってから、葬儀の時は何も起こらないように天国のトラに見守ってもらうため、和尚の寺ではきまって「ナムカラタンノー・トラヤー」と唱えてから、葬儀をおこなうようになったという話である。（前出『日本昔話通観』）

44 団十郎猫の話（東京都）

安政二年（一八五五年）九月のこと、大人気の八代目市川団十郎が死んだので、江戸の芝居好きのものたちは、たいへんな嘆きぶりだった。

浅草観世音の境内で、手遊びものなどを商っていた十右衛門の美人の評判高い十八の独り娘も、悲嘆にくれていた。そして出産間近い飼い猫の駒にむかって、

「これ、駒や。おまえも子どもを産むなら、八代目に似た子を産むんだよ」

というと、駒はうなずいて、やがて一匹の子猫を産んだ。

この子猫、娘の望みが母猫に通じたのか、胸に団十郎の紋所である三枡の紋（枡の大中小を三つ重ねにした紋柄）があり、首から背中に三つ筋の毛並みが鮮やかについていた。

十右衛門の娘はその子猫を抱きあげて、

「駒、よう産んだ。よう似てくれた」

と、大喜びだった。

これがたちまち隣り近所から市中へ広がった。瓦版に出たり、錦絵にもなったりして、江戸じゅうに「市川団十郎の生まれ返り」と評判になって、奉行所から風説取調べが命じられるほどだったという話である。（藤沢衛彦『日本民族伝説全集』）

45 謎の喰い逃げ犯（東京都）

寛政八年（一七九六年）の春、中村座が上演した『京鹿子娘道成寺』が大評判で、江戸の芝居好きはもちろん、あまり関心を持たないものもこぞって観劇に押しかけたという。

そんななか、本所割下水《わりげすい》に大きな屋敷を構える服部市郎左衛門というものが、二人ばかりの手のものを連れて、以前贔屓《ひいき》にしていた芝居茶屋に現われた。

「思うところがあって、しばらく芝居見物を遠慮しておったが、このたびの大評判を聞くと、黙ってはおれん。どうしても観たくなって、久しぶりにやって参った。いつものように、料理の用意を頼む」

そう申しつけて芝居を見物し、その後茶屋でゆっくり酒宴を催した。

料理のうち、ヒラメのあんかけがことのほか気にいったといって、三枚のヒラメをぺろりとたいらげた市郎左衛門は、

「代金はいつものとおり、屋敷に取りにきてくれ」

といいおいて、茶屋を出ていった。

後日、茶屋のものが本所の屋敷へ行って、驚いた。服部市郎左衛門は、すでに七年も前に亡くなっていたのだ。

あわてて茶屋へ引き返した使いのものが、このことを主人《あるじ》に伝えると、あの時料理を部屋へ運んだものが、

「そういえば、ヒラメを三枚食べたが、三枚とも頭から尻尾まで残さず食べていた。いくら好きだといっても、頭や骨まで食べて、皿になにも残さないというのは見たことも聞いたこともない。おかしな客だと思った」

と、いうのだった。

茶屋のものが後日、服部屋敷の近くで聞いた話によると、服部屋敷には以前から化け猫の猫またの話が絶えず、ヒラメの話もその猫またの仕業ではないかという噂だった。

あれこれ考えても、後の祭である。茶屋は三両あまりも食い倒されて、大損をしたという話である。（著者不詳『梅翁随筆』）

十二　猫と黄金

46　小判をうむ猫（京都府）

むかし、丹後国（京都府）宮津の海の近くの村に、心やさしい花売りの爺と婆が二人だけで暮らしていた。

この花売り爺は、朝から花売りに歩いて売れのこると、その花をいつも「海の乙姫さんに供えます」といって、海へ投げいれてから家に帰ってくるのだった。

ある晩のこと、家の戸口で「今晩は」という声が聞こえたので、戸口を開けてみると、若い女が可愛らしい猫を抱いて立っていた。

「はて、なにごとだろう?」

花売り爺が訝《いぶか》しがると、若い女は笑みをたたえ、

「いつも美しいお花を、ありがとうございます。お礼にこの猫を差しあげますから、飼って可愛がってください。毎日お茶碗に一杯ずつ、ご飯をやってください」

そういって、抱いていた猫を花売り爺に手渡すと、爺がとまどってなにもいわないうちに、闇のなかに消えていった。

「これは、どういうことじゃ。たしかあの娘子《むすめご》は、いつも美しい花をありがとうといっておったな。まさか、あの娘子は龍宮の乙姫さんではあるまいな……」

猫は愛らしい顔をして、爺をみつめていた。その表情を見ているうちに、花売り爺はその猫を飼うつもりになっていた。

夜もだいぶ更けていたので、その夜爺は猫を自分の布団に入れて、抱くようにして眠った。そして次の日、婆が朝食をつくると、爺は娘がいったことを思い出して、猫に茶碗一杯のご飯を与えた。

猫はよほど腹を空かしていたのか、夢中になって食べ終わると、爺や婆がまだ食事を終えぬ前に、部屋の隅へいってぴかぴかに光った小判を一枚、破れ畳の上にうみ落とした。

花売り爺も婆もこれにはびっくりして、しばらく猫がうみ落とした小判をみつめるばかりで、触れることもできなかった。

翌日も同じように、猫は小判を一枚うみ落とした。そしてその翌日も。

一日一枚ずつの小判を手にしているうちに、爺と婆の家の暮らしは豊かになっていった。

これを知った隣りの欲張り爺が、

「そんなに毎日小判をうむなら、おらにもしばらく貸してくれ」

と、猫を借りにきた。花売り爺は、

「貸してはやるが、飯《めし》は毎日茶碗一杯しかやらんでくれよ」

と念を押したが、隣りの欲張り爺は、

「飯を茶碗一杯しかやらんから、小判も一枚しかうまんのじゃ。もっとやればたくさんうむ」

といって、どんぶりに山盛りのご飯を無理やり口に押し込んだので、猫はそれを全部吐き出して、そのまま死んでしまった。

欲張り爺は、猫が死んだことを花売り爺のところへ知らせにいった。花売り爺はたいへん悲しみ、その死骸を返してもらった。そして家の庭に埋めて、そこに一本の木を植えた。するとその木は大きく育ち、木の枝には小判がたくさんなって、きらきら光っていたという話である。（前出『日本昔話通観』）

47 龍宮様の猫（熊本県）

むかし、天草のある島に、三人の娘をもつ農夫がいた。娘たちはもうとっくに嫁《とつ》いでいて、農夫の義父《ちち》は、毎年歳暮に三人の娘の聟《むこ》どんを家に呼んでもてなしていた。

二人の妹の聟どんは分限者で、酒や炭俵を持ってくるが、一番上の娘の聟どんの家は貧しいので、毎年裏山で採ったぴゃーら（柴薪）を担いできた。

農夫の義父にはそれが不満らしく、妹たちの二人の聟どんには「それ酒だ。肴だ」ともてなすが、一番上の娘の聟どんにはなにかにつけ用事をいいつけて、「おまえも一杯やれ」とは、ただの一度もいったことはなかった。

ある年の暮れのこと、いつものように三人の聟どんは義父の家に呼ばれた。一番上の姉聟は、やはりぴゃーらを担いで家を出てきたが、途中で足がとまった。

どうしても義父の家に、行く気になれなかったのだ。姉聟どんは、「今年はぴゃーらを、義父ではなく龍宮様に差しあげよう」と、海辺へむかった。そして、

「龍宮様。龍宮様。おらからの歳暮に、このぴゃーらを使ってくだっせ」

と、担いできたぴゃーらを海に投げ込んで、帰ろうとした。

するとすると海のなかから若い女が現われて、呼びとめられた。

「いまは、ぴゃーらをありがとうございました。龍宮様がお礼をいわれるので、どうぞいらしてください。さあ、目を閉じて、わたしの肩に手を掛けてください」

という。姉聟はとまどいながら目を閉じて、いわれる通り女の背中に両手をかけた。

やがて、女がもうよいというので目をあけると、立派な屋敷のなかにいた。目の前には見たこともないようなご馳走がたくさんあって、姉聟はすすめられるままに食べた。そして帰ろうとすると、先の女が寄ってきて耳元で、

「なにかお土産をといわれたら、なにも要りませぬが、龍宮様が抱いておられるその猫をくださいと、いいなさい」

と教えたので、姉聟どんはその通りにいった。

するとと龍宮様は、

「この猫は龍宮の宝物なのであげるわけにはいかないのです。けれど、あなたがどうしてもと望まれるなら、差しあげることにしましょう。この猫は一日に小豆を一合ずつ食べさせると、その十倍の一升の金を放《ひ》るから大切にするように」

といって、抱いている猫をくれた。

姉聟どんは喜んで、龍宮土産の猫を抱いて浜へ戻ってきた。

家に帰って龍宮様の教え通りにすると、姉聟どんはたちまち分限者になってしまった。

この話を耳にした姑婆は、早速姉聟の家へいって、どうしておまえが急に金持ちになったのか、根ほり葉ほり聞くので、正直者の姉聟どんは、これまでのありのままを話して聞かせた。

すると姑婆は、その猫を欲しいといいだした。

「くれとはいわぬが、しばらくの間貸して欲しい」

という。断わると、血相を変えて姑婆は姉聟どんを叱りつけ、強引に猫を持っていこうとした。

「それなら、一日に必ず小豆を一合ずつ食わせてくれろん。あとはなにもやらんでいい」

といって貸すと、姑婆は喜んで猫を抱えて帰っていった。

姑婆は家に戻ると、待ちきれずにすぐに大きな釜に一升の小豆を炊いた。一度に一升の小豆を喰わせれば十倍の金を放《ひ》ると思って、むりに猫の口に押し込むと、猫は尻からも口からも小豆を吐いて死んでしまった。

「家に帰ってな。すぐ小豆一升炊いて喰わしたら、尻からも口からも小豆吐いて、すぐ死んでしまったわ。小豆一升損したわ」

文句をいいながら、姑婆は死んだ猫を返しにきた。

姉聟どんは、言葉もなかった。可哀想なことをしたと涙ぐんで、猫を庭の隅に葬ってやり、その傍らに南天の木を植えた。

　すると、四、五日もしないうちに、その南天の木の枝にたくさんの実がなった。姉聟どんは殺された無念さから猫の名を呼びながら、思わず南天の木をゆすると、赤い南天の実はぽろぽろと木の枝から落ち、足元に散らばって輝いた。南天の実に見えたのは、みな黄金の粒で、姉聟どんはさらに大金持ちになったという話である。（浜田隆一「肥後天草島の民譚」四、「郷土研究」昭和七年十一月号）

（メモ）猫が黄金を放《ひ》る話は前話とこの話のほかにもある。奈良県吉野に伝わる話では、長者の家に嫁いだ姉と、貧しい炭焼きどんに嫁いだ妹の話で、妹が川へ投げた松の枝束のお礼に亀が黄金を放る猫をくれる。欲深の姉に殺された猫を、妹が葬ってやると墓のわきに生えた木に今度は黄金の実がなったという。
　福岡県に伝わる話では、貧しい柴売りの男の投げた柴のお礼に、龍宮の乙姫様が土産にくれた猫が、「毎日小豆三合を煮て与えると、夜中に黄金を放る」という話になっている。

　また、妹が嫁いだ貧しい山番の夫が、龍宮から土産にもらったのは黒猫で、殺されて埋めた猫の死骸から橙《だいだい》の木が生え、実がなった。黄金をうんだ猫からなった橙の実だからめでたいので、それ以来正月の飾り物に使うようになったという、長崎県高来郡湯江村に伝わる歳時習俗の由来譚もある（山本靖民「橙の話」、「旅と伝説」昭和四年十月号）。「小判をうむ猫」、「龍宮様の猫」は、それぞれ「昔話・伝説話型」の動物報恩譚のなかの「花売龍神」「柴刈龍神」といわれる話である。

48 大判になった子猫たち （広島県）

むかし、広島県安佐のとある里に、はなという娘が母親と二人で暮らしていた。

はなは評判の器量よしで、心根の素直な信心深い娘だった。年をとった母親を助けて、わずかな畑を泥まみれになって耕やし、朝から晩まで働いていた。同じ年頃の娘がつぎつぎと嫁入りしていくが、はなにはまるで関係のないことだった。

正月の初寅の日に開かれる岩谷の毘沙門天《びしゃもんてん》の縁日はたいへんなにぎわいで、この日参拝すれば福の神として霊験あらたかな毘沙門天のご利益が得られるというので、近在だけではなく城下からもたくさんの参詣者がやってきた。

その初寅の日、近所のものたちが着飾って神社へ出かけても、はなは朝早くからいつもと変わらずに、畑へ出ていった。

年をとった母親はここ二、三年からだの具合が思わしくなく、床に伏せっていた。その母親は初寅の日になると毎年、

「いっぺんでいいから、おまえにいいべべ着せてな、一緒に毘沙門天様へお参りにいきたい」

と、同じことをいうのだった。

けれども娘のはなは、神社へお参りにいけなくとも、信心する心さえしっかり持っていれば神様にもわかってもらえると信じていた。

畑にいるはなを見かけて、神社へ向かう村の分限者の息子の清助が足をとめ、声をかけた。

「おはなや、おまえは初寅にいかんのか」

清助は子どもの頃からはなのことが気になっていたが、その気持ちは年とともに恋心に変わり、できたらはなを嫁にしたいと思うようになっていた。

「うちゃ、いかんのよ。忙しいし、おっ母さんの具合もちょっと悪いけねえ」

「そうけえ。そんなら、おらが代わりに福もらってきてやるけえ、待ってろや」

清助はそういって、はなと別れた。

お詣りをすませ、縁日のにぎわいを楽しんでいるうちに日暮れも近くなったので、清助は帰りの道を急いだが、ふと途中で足をとめ、踵《きびす》を返そうとした。はなに福をもらってきてやるといったことが、頭のなかをよぎったのだ。

しかし、神社の守り札をもらってくるつもりでいたのだったが、清助はいまさら引きかえすのも面倒だと思った。

すると、かたわらの竹藪のなかから、疳高い猫の声が聞こえた。藪のなかへ入ってみると、生まれて間もない三匹の子猫がからだを擦り寄せて鳴いていた。清助はそのうちの一匹を抱きあげたが、あとの二匹も懐のなかに抱え込んで、村へ帰っていった。そしてはなのところへ持っていって、

「ほれ、たくさん福をもらってきたけん。置いてくぞ」

といって、三匹の子猫を家のなかに投げ入れると、逃げるように帰っていった。

三匹の子猫を見て、はなは当惑した。どうしたらよいのか、どう扱ったらいいのか。あま

りにも突然のことで見当もつかない。もう夜も遅いので、これからのことは明日《あした》考えることにして、一晩子猫たちがどこかへ行かないように、とっさの思いつきで、空になっている櫃《ひつ》のなかへいれて、ふたをした。

次の日の朝目を覚ますと、猫たちの声はまったく聞こえなかった。不吉な思いがふとよぎって、はなは勝手へ走った。そしていそいで櫃のふたをあけると、はなは腰が抜けるほど驚いて、声をあげた。

「母さん、母さん。早よぅきてみんさい――」

櫃のなかには子猫たちの姿はなかった。櫃の底には、きらきらまぶしく光る三枚の黄金の大判が並んでいた。

「信心深いおはなに、毘沙門様が福を授けられたんだ」

噂は近所から、村じゅうに広がっていった。

この福によって、貧しいはなの家の暮らしもよくなっていった。病いがちな年をとった母親も、城下から名の知れた医者を招いて診てもらっているうちに、すっかり元気を取り返した。

はなも一段と美しくなり、やがて清助の嫁になって、母娘ともに幸せに暮らしたという話である。（前出未来社版『日本の民話』）

十三　忠義な猫の話

49 猫の殉死（大阪府）

むかし、大坂博労《ばくろう》の葉山という町に、八兵衛という鍛冶屋が住んでいた。

この八兵衛の女房が重い病いにかかり、闘病の甲斐なく臨終が近づいてきた。すると、女房が長年飼っていた一匹の老猫が病床にやってきて、かたときもそばを離れずにじっと見守っていた。

それに気づいてか、女房は愛猫を枕元に呼んで、

「わたしはもう間もなく死ななければならない。わたしが死んだ後は、だれもおまえを可愛がってくれるものはいまいから、いまを限りとして、どこへでも好きなところへ勝手に出ていくがよい。いいかい」

と、いい聞かせると、猫は首をうなだれて、思い沈んでいた。

八兵衛の女房は、間もなく息を引きとり、野辺送りをすることになった。

すると、くだんの猫も柩《ひつぎ》の後に従ってどこまでもついてきたが、それに気づいた人たちが、

「猫が葬式についてくるなど縁起でもない」

と追いかえすと、猫はあきらめてどこかへ姿を消してしまった。

やがて葬式も終わり、八兵衛たちが家に戻ってくると、猫は病人が伏せっていた部屋のなかで、舌を嚙み切って死んでいた。猫は長年可愛がってくれた八兵衛の女房の後を追ったのだ。その日はわかっていて、貞享二年（一六八五年）十月二十八日だったという。（神谷養勇軒『新著聞集』）

50 与那国島の忠義猫（沖縄県）

むかし、琉球国（沖縄県）の西のはずれ、八重山の与那国島に住む若い農夫が薪を拾いに出かけた。

その帰りのことだった。椰子蟹が猫の足を鋏ではさんで、穴のなかへ引きずりこもうとしていた。助けてやると、猫はそのまま農夫の家までついてきて、棲みついてしまった。

若い農夫は猫と一緒に暮らすことになったが、この猫は鼠をとるのが上手だった。家にいる鼠や畑の作物を喰い荒らす鼠を、一日に十匹近くも捕ってくれるので、農夫の家や畑には鼠がいなくなった。

この話が村で評判になり島の役人の耳にも届くと、さっそく若い農夫のところへやってきて、

「首里の王様の蔵が鼠に荒らされ、猫を入れても鼠はふえるばかりで、どうにもならぬのじ

ゃ。おまえの家の猫は鼠捕りの名人だと聞くが、その猫を王府に献上してはどうじゃ。退治させたら、おまえの名誉にもなろう。首里からきた船は、いま風待ちをしておるので、ちょうどよい。その船に連れていってもらえばよい」

と、いうのだった。

猫は農夫を慕っていたし、若い農夫も一緒に暮らしているうちに情が移っていた。手放すことに躊躇していたが、役人に重ねて迫られると、うなずかないわけにはいかなかった。

こうして数日後、猫は若い農夫のもとを離れ、役人に連れられて王府のある首里までいくことになったが、猫は出帆間際に、船につながれた縄を抜けて農夫のところへ帰ってきてしまった。

もう一度猫を連れていこうとしたが同じことが起こったので、役人は若い農夫も一緒に連れていくことにすると、今度は何事もなく船出をすることができた。

首里に着くと、猫はさっそく王府の蔵に入れられ、大きな鼠をつぎつぎと捕えた。数日のうちに荷車七台分もの鼠を退治したので、役人たちはもとより、王様までもが驚いて、若い農夫に褒美として、親雲上《ぺーちん》という高い役人の位を授けた。

猫は役人の命令で首里にそのまま残され、若い農夫は与那国島に帰されることになったが、農夫は猫と別れることができなかった。船が出るまで一緒に過ごしていたが、猫も同じ気持ちであったのだろう。いよいよ別離の時がきて、農夫が船に乗りこむと、ひそかに後を追ってきた猫は、農夫の懐へ飛びこんできたのだ。若い農夫はそのまま猫をかくして、懐かしいふるさとの与那国島まで帰ってきた。

農夫と猫が一緒に戻ってくると、島のものたちは喜んで迎え、祝いの宴までしてくれた。そして猫を抱きあげながら、

この猫は偉い猫だ
鼠を退治したばかりか
役人の目までくらまして
島に帰ってきた偉い猫だ

とたたえた。この猫は、後のちまで島のものたちに可愛がられたという話である。（前出『日本昔話通観』）

51 愛猫と盗っ人（東京都）

江戸時代も後期の頃のことである。

陸奥にある本寺が火事で焼けたため、諸国の末寺に寺で使う諸用物の供出を命じてきた。江戸の徳安寺には半鐘と双盤を割りあててきたので、さっそく作らせ、住職が付き添って陸奥にむかった。

一行が夜明け前に江戸を発って千手《せんじゅ》で小休息をとっている時に、徳安寺からの飛脚が追いついて、寺で起こった珍事を報せてきた。住職が飼っていた愛猫が死んだというのだ。住職は驚き、陸奥にむかうのを取りやめて、ひとまず寺へ引きかえすことにした。

珍事というのは、住職一行が寺を発った直後に起こった。寺が手薄になったのを知った盗っ人が、住職の部屋に忍び込もうとして、まず様子を探ろうと、舌の先で障子の紙を濡らし、穴をあけようとした時、部屋のなかで寝ていた住職の猫が気づいたのだ。猫は障子に近づいて跳びあがり、ちょうど舌の先が出たところを噛みついたのだという。

思いもよらないことで、盗っ人はびっくりした。あわてて舌を障子のさんの間から引き抜こうとしたが、猫は離さない。舌に噛みついたままなので、盗っ人は障子に両手を突っ込み、猫を捕えて引き離そうとした。けれども猫はますます力を込めて、舌に噛みついたまま激しくからだを振りまわした。

物音を聞いて留守居をしていた寺男たちがやってきた時には、猫は盗っ人に絞め殺されており、舌を噛み切られた盗っ人も、間もなく死んでしまった。

寺に戻った住職は愛猫の死を悼み、殺された盗っ人も葬ったのち、再び陸奥へ下っていったという話である。（只野真葛『奥州波奈志』）

52 忠義な猫の死（静岡県）

むかし、静岡県の御前崎に遍照院という寺があった。

ある日、寺の和尚が丘の上から海を眺めていると、一匹の猫が船の敷板にのって沖へ流されていくのが見えた。

和尚は急いで浜へ降りていくと、漁師に小船を出すよう頼んで猫を助けさせた。船に猫をのせると魔除けになるという漁師たちの古くからの言いつたえがあるので、板切れにすがって流されていた猫は難船にのっていたのかも知れなかったが、まだ子猫のようだった。和尚はその猫を連れて帰り、寺で飼うことにした。

猫は和尚に可愛がられながら育っていった。猫の方も和尚によく懐《なつ》いたし、いつも和尚のそばから離れなかった。何年か経つと、猫は和尚の言葉を聞き分けるほどになっていた。寂しい片田舎の寺で、和尚はよい話し相手を得た心地で、いよいよ猫を可愛がるようになっていた。

ある日のこと、寺男が縁先でうたた寝をしていると、猫も近くへやってきて毛づくろいをはじめ、それが終わると、しばらく庭に目をやっていた。そこへ仲のよい隣りの家の猫がやってきて、ほかの仲間たちと一緒に伊勢詣りに行かないかと誘った。

寺の猫は一度は行ってみたいなどと言って二匹は打ちとけて話をしていたが、やがて寺の猫は、

「実はな、和尚様の身の上になにか起こりそうで心配なんじゃ。それを思うと、寺を長い間留守にすることもできんのじゃ……」

「おまえが行かないのなら、おれもやめる。あとで断わってくるわ」

などと話しているのを、脇で寝ていた寺男が現《うつつ》に聞いていた。

それから何日かして、ひとりの雲水がやってきて、しばらく寺に寝泊まりをするようにな

った。

ところが、とある日の夜更け、本堂ではげしい物音がするので寺男は和尚を呼び、手燭を灯して行ってみると、物音は本堂の高い天井裏から聞こえてくる。だが、天井は高くてなにもわからない。夜が明けるのを待って、再び本堂へ行ってみると、天井から血が床の上に滴り落ちていた。

和尚が近隣の人たちに天井裏にあがってもらうと、なんと寺で飼われている猫と伊勢詣りを誘いにきた隣りの家の猫が血に染まって倒れていた。二匹ともすでにこと切れており、そのむこうにには二尺ほどもある大きな古鼠が横たわっていた。古鼠の毛は針のように堅く、どういうわけか雲水の衣にくるまっていた。

寺にやってきた雲水は大鼠だったのだ。大鼠は雲水に化けて和尚を喰い殺し、寺の和尚になりかわろうと、その機会を狙っていたのだった。寺男は昼寝をしながら聞いた猫の話を思い出した。あの時猫が「和尚の身の上に何か起こりそうな心配事」といったのは、このことだったのかと思って、先のことがわかる猫の不思議さに感心した。

寺の猫はいのちを助けられ、長年和尚に可愛がられた恩に死を賭して報いたのだった。

和尚は仲がよかった二匹の猫を、一緒に手厚く葬って塚を築き、そのそばに大鼠も葬って、ともに回向《えこう》したという話である。(『静岡県榛原郡誌』ほか)

53　猫の執念（東京都）

文政の頃（一八一八年～一八三〇年）、江戸の上野の山近くにある根岸の芋坂あたりに、元右衛門という強欲な農夫がいた。

この男は隣り村に住む農夫の伊五平に五両の金を貸していたが、伊五平が無筆なことを幸いに、五両の証文を五十両に書き直して、伊五平の全財産を奪ってしまったのだ。

伊五平は無念やるかたなく、悲憤の涙にうち暮れていたが、ある時、長年飼っている猫に元右衛門のことを懇々と言い聞かせ、その猫に一封の金を添えて檀那寺の和尚に託すと、首を吊って死んでしまった。

強欲な元右衛門は、ある日いつものように野良仕事にいって松の木の根元で弁当を食べていると、そこへ一匹の猫がやってきて、うるさくつきまとった。この猫は寺から脱け出してきた伊五平の飼い猫だった。いくら追い払っても離れていかないので、腹をたてた元右衛門が石を投げつけようとすると、猫は逃げるどころか反対に歯向かい、石を拾おうとした元右衛門の右手に思いきり咬みついた。

その日はそれほどの痛みもなかったが、三日ほどすると咬みつかれた手の痛みが急に激しくなりだした。元右衛門は神田にある医者のところへいって診てもらったが、なかなか癒えることはなかった。

そして、ある日の夕方、神田から帰る途中、ある寺の前で足がもつれて転倒し、激しく頭を打ちつけて、元右衛門はその年の暮れに死んでしまったのだ。後に残された女房と一人娘のお元はしばらく平穏に過ごしていたが、ほどなく火事を出してしまい、元右衛門があこぎに貯え込んだ財産もなくし、娘のお元が日本橋の料理屋へ女中として住み込みで働くまでになってしまった。

ところがお元はすぐにからだをこわしてしまい、家に帰って床に臥すことになった。すると、どこからか一匹の猫がやってきて、お元が寝ている布団の横に座り、じっとお元のことを見ているのだ。その猫は伊五平の猫で主人の話を聞いて仇を討とうと、執拗に元右衛門一家につきまとっていたのである。

猫のことはお元の母親も気になっていて、捕えて捨てにいったりしたが、猫はまたすぐに戻ってきて、やはりお元の布団のところへくるのだった。

二人は猫の処置に困っていたが、ある朝娘のお元が、

「きょうは気分もいいから」

といって、猫を風呂敷に入れて、自分で捨てにいった。近くではまたすぐ戻ってくるだろうからと、上野の山の方まで出かけていったが、お元はそれっきり夜になっても家に戻ってはこなかった。

母親は取り乱さんばかりになって、近所の人たちにも頼んで捜してもらったが、明くる日もその次の日もいくら手分けをして捜しても、お元はついに見つからなかった。伊五平の遺猫もそれきり、どこへ行ったか、行方知れずになったという話である。(佐藤隆三『江戸伝説』)

54 切支丹娘と猫（新潟県）

キリスト教が厳しく禁じられていた江戸時代のこと、佐渡島の相川の町に、お島という美しい娘がいた。お島はひそかにキリスト教を信仰していたが、ある時役人に知られるところとなり、奉行所へ引き立てられていった。

お島はどんなにひどい仕置を受けてもじっと耐え、かたくなに自分の心を変えなかった。そこで奉行から磔《はりつけ》の刑を言い渡され、次の日の夕刻、中山峠の近くにある刑場で執行されることになった。

するとその夜更けのこと、ひとりの初老の男が、ひそかにお島がつながれている牢にやってきた。男は落ち着きはらった声で、

「お島。わしは渡辺藤左衛門じゃ」

と、自分の名をはっきり名乗った。

渡辺藤左衛門といえば、相川奉行所の取り調べ方吟味役のひとりだ。お島が黙っていると、藤左衛門は声を落として、意外なことを口走った。

「お島。実はわしはひとに隠しておることが、ひとつあるのじゃ。わしもおまえと同じ……」

そういいながら、藤左衛門は懐からそっとマリアの像のついた十字架を取り出して、お島に見せた。藤左衛門もご禁制の切支丹《キリシタン》の一人だった。

「わしは、おまえを助けたい。小木までいけば、隠れておる切支丹が何人もおる。そのものたちのなかへ身を隠すのじゃ。今夜のうちにこの牢を出て、小木へ行くのじゃ。あとのことは、このわしに任せて、さあ早く、夜の明けぬうちに逃げのびろよ」

藤左衛門はそういってしきりにすすめたが、お島にはもう覚悟がきまっているようだった。

「わたしは、この先、助かろうとは思いませぬ。このままの心を、抱いていきます」

藤左衛門はお島の決意のほどを聞くと、黙って牢から出ていった。

お島は次の日の夕刻、中山峠の山の刑場へ引き立てられて、磔刑に処せられた。


ところが、その晩のことである。

奉行所の奉行は寝入ったところを宿直《とのい》の役人に起こされた。夕刻仕置をすませた切支丹のお島というものが、是非奉行に会いたいといって、奉行所の門前に参っているというのである。

「なに？　お島だと？　そんなことがあるか。お島の仕置がすんだことは、この目で見届けておる」

しかし奉行は、それでも会ってみることにした。そして奉行所の表へ出ていってみると、きちんと土の上に両手をついた旅姿の女がいた。

「お奉行様だ。面《おもて》をあげえ」

女が顔をあげると、奉行は思わず息をのんだ。身にまとっているものは処刑時のものとまったく異なっているが、たしかにお島であった。

「お奉行様、お許しください。是非、お取調べ願いたきことがありまして、こんな夜更けにまかり越しました」

旅姿のお島はそういって、不思議なことを話しだした。

数日前のこと、留守をしていたお島のところへ書きつけを置いていったものがいて、羽茂《はもち》の実家の父が危篤だと知らせてきた。

お島はすぐに旅支度をして実家の村へ急いだが、父も母も元気で、書きつけなど誰にも頼んだことはないというのであった。

お島はわけがわからなくなって、きのうの夜引き返してくると、途中で人の噂話が耳に入った。「今日の夕刻、中山峠の山で、切支丹のお島という娘が磔の刑で殺された」と聞いたというのである。お島は数日来のおかしな出来事を考えながら、急ぎ足で家に帰ってみると、長年可愛がっていた年老いた白い猫がいなくなっていた。

そこで、もしや猫が自分に代わって捕われ、お仕置を受けたのではないか。猫が役人がくるのを知って、自分を実家へ帰させたのではないか。そう思って、夜分もかえりみずお調べを願いたいと、着がえもせず、こんな身なりでやってきたというのだった。

「なにを？　人間に化けた猫が役人に捕われ、牢につながれて仕置されただと。たわけたことを――」

奉行は口走ったが、仕置をしたはずのお島が、目の前にいるのである。

刑場には、まだお島の死骸が晒されているはずだ。奉行はさっそく部下を引き連れて、刑場へと馬をとばした。そして月明かりに照らされた磔柱に目をやると、そこには血に染まった大きな白い猫が吊るされていた。

奉行はうろたえた。夜が明けて、こんな失態が島のものたちに知れたら取り返しがつかない。笑いものになる。奉行は奉行所へ戻ると、すぐ主だった役人たちを呼び集めた。

そのなかに、取調べ方吟味役の藤左衛門の顔もあった。

よい方策も出ないまま、しばらく時が過ぎていったが、やがて藤左衛門が口を開いた。

「妙案がございます。奉行所が物笑いになることなど、決してありませぬ」

思慮深いといわれる藤左衛門のことばだ。抜かりはあるまい。奉行はただちに、この処理を藤左衛門にまかせることにした。

藤左衛門はすぐに部下をつれて、刑場に馬をとばすと、猫の死骸を穴を掘って埋め、それをお島の墓とした。そして夜明け少し前に奉行所へ戻ると、今度はお島を呼びだして、叱りつけた。

「おまえは、お島の名を騙《かた》ってありもせぬことを口走るふとどきな女じゃ。これからただちに、おまえを羽茂の実家へ送りかえす。親にはおまえから目を離さぬよう、よくいい含めるから、さよう心得えよ」

そう告げると、警護の役人をつけて、お島を実家の両親のもとへ連れていった。それからというもの、お島は両親とひっそりと暮らし、死ぬまで切支丹の信仰をまもりとおしたという。

お島の墓が、中山峠の「殉教お島の墓」と、羽茂の大連寺墓地の「隠れ切支丹お島の墓」との二つあるのは、こうしたわけであるという話である。（拙著『新版・キリシタン伝説百話』）

55 佐賀の化け猫騒動（佐賀県）

生涯で四十一人もの子をもうけたといわれる佐賀鍋島藩二代藩主光茂（寛永九年［一六三二年］〜元禄十三年［一七〇〇年］）は、ある時城中で、主家筋にあたる龍造寺家の当主又七郎と囲碁をうっていた。

二十代になったばかりの又七郎はほとんど目が見えなかったが、囲碁の名手だった。この時も有利に戦いをすすめ、光茂は絶体絶命の窮地に追い込まれていた。

光茂は盤面をじっとみつめ、碁石を握りしめながら苦悶していたが、突如、一気に気が動転して、いきなり又七郎に切りかかり、首を刎《は》ねてしまった。そして又七郎の死骸を城中の壁にぬりこめ、そしらぬ顔をしていたのだった。

それから間もなく、城の壁から行方知れずになっている又七郎の亡霊が出るようになった。又七郎の母は、又七郎が光茂に殺されたことを知って、悲しみに打ち沈んでいたが、ある時溺愛していた猫に、龍造寺再興を願う自分の胸のうちを言い聞かせて、自らいのちを絶ってしまった。

流れ出た女主人の血を舐めた猫は、そのうらみを受けついだ。そして妖猫となって光茂の妻に化けたりして、毎夜のように光茂や鍋島家のものたちを悩ませることになった。

佐賀藩の実権を握る鍋島家は、これまで主家筋の龍造寺家をなにかにつけて立ててきていたのだが、慶長十二年（一六〇七年）、初代藩主に勝茂が就くと、はっきり主従の立場を逆転させ、龍造寺家再興の望みは断たれてしまった。

その後、龍造寺家の当主であった又七郎は光茂に殺され、激しく憤った又七郎の嫡子である二十二歳の高房は、江戸の屋敷で妻を刺し殺すと自分も切腹して果てたのだった。

その高房の亡霊や化け猫が佐賀の城下を駆けめぐり、多くの騒動を起こしたため、肥前の佐賀にはさまざまな怪奇譚が生まれた。「鍋島の化け猫騒動」もそのひとつであるという話である。（角川書店版『日本の伝説』ほか）

十四　和尚と手拭

56 やさしい和尚と猫（京都府）

天和三年（一六八三年）の夏のこと、京都淀のある寺の和尚が腹痛を患って夜更けに厠《かわや》へ行くと、母屋の切戸を小さく叩くものがあった。

和尚は、いま頃誰だろうと思ったが、厠のなかから返事をするような品のない人ではなく、黙っていた。

やがて厠から出て居間の方に目をやると、炬燵《こたつ》の上で丸くなって寝ていた猫が、切戸から大きな猫を居間に誘い、二匹で炬燵に温まりながら話をはじめた。

「今夜納屋町で踊りがあるから、迎えにきたんだが、いかぬか」

外からきた猫がいうと、寺の猫は残念そうな顔をして、

「あいにく和尚さまが病気でな。淋しいだろうから話し相手にそばにいてやらねばならぬから、今夜はいけぬ。せっかくじゃが」

そう答えると、相手の猫も心根がやさしいらしく、

「それは気の毒なことじゃ。では次にせい。そのかわり手拭を貸してくれぬか。手拭がなく

ては踊りができぬから」

と、いう。

「それはだめじゃ。和尚さまが病気なので、手拭はみなふさがっておる。気の毒じゃが、用にたてぬわ」

寺の猫が恐縮しながらいうと、相手の猫は、

「そうじゃな。まあ、和尚さんを大切にな」

そういって、帰っていった。

この話を聞いていた和尚は居間に入っていくと、澄まして炬燵の上で丸くなっている猫にいった。

「わしの相手などせずとも、大事ない。仲間が誘いにきたのであろう。踊りにいってこい。手拭も持っていってよい。貸してやれ」

と言いながら、猫の頭を撫でてやると、猫は起きあがり、手拭を持って寺を出ていったが、それっきり寺へは戻ってこなかったという話である。（前出『民俗怪異篇』）

（メモ）「（和尚の）手拭がなければ踊りができぬから」の手拭については、16話「転法輪寺の猫」のメモを参照。

57　和尚と手拭の謎（群馬県）

むかし、上州（群馬県）勢多のある村に、竜興寺という寺があった。

竜興寺は、住職の和尚と修行中の小坊主と牡の三毛猫が仲良く暮らす、小さな寺だった。

ところが和尚は小言が多く、潔癖性からか手拭の扱いについては、特に口うるさかった。

小坊主が少しでも粗末に扱うと、

「いいかい。手拭ほど調法で、ありがたいものはないんだ。寒ければ頰かぶりができる。汗をかけば拭ける。下駄の鼻緒が切れたら、端を少しさいてよりあわせ、鼻緒にもなる。おまえの手拭は、いつも汚れたままだ。もっとしっかり洗って、ちゃんと干しておかねばいかん。手拭の扱いで、人柄が知れようというものだ」

と、お説教がはじまるのだった。

寺の台所の板壁には竹を横に渡した手拭掛けがあって、そこに和尚と小坊主用、それからもう一枚、来客用の手拭がきちんと掛けてあった。

新しい手拭をおろす時もきまっていて、正月と盆、春秋のお彼岸で、手拭の片隅には、持ち主の名前まで記していた。

ある年の夏の朝のことだった。

ゆうべ、きちんと手拭掛けにかけておいた和尚の手拭が、ずり落ちそうになっていた。そればかりか、ところどころに泥がついて汚れていた。鼻先を近づけると、なにやらいやな匂いまでついていた。

和尚はわが目を疑った。

「他人《ひと》の手拭を使ってはならぬと、あれほどいっておるのに、これはどうしたことじゃ」

和尚は汚れた手拭を手にぶらさげると、小坊主を呼んで叱りつけた。

やれ洗い方が悪い、しぼり方がなっていないといつもいわれている小坊主が、和尚の手拭を使って泥のついたまま、黙って手拭掛けに掛けておくわけがない。小坊主はまったく身に覚えがないので、なにも知らないというしかなかった。

その日の夕方、和尚は法事のため隣り村へ出かけていった。帰りが遅くなったので、提灯の灯をかざして夜道を急いでいると、野辺のむこうがぼんやり明るくなっていて、にぎやかな音が聞こえてきた。

「はて、なんじゃろう、いまごろ。祭りなどないしな……」

和尚は不思議に思いながら、明るくなっている草原《くさはら》を歩いていった。

するとたくさんの猫がいて、手拭で頬かぶりをしたり、手拭をうち振ったりして音頭をとりながら踊っているのだった。

そのなかに、寺の三毛猫もいた。猫たちがあまりにも楽しそうに踊っているので、和尚はそのまま足を忍ばせてその場を離れ、寺に帰ってきた。

翌朝、和尚は手拭掛けに汚れた手拭が掛かっているのを見て思わず笑みを漏らしながら、小坊主を呼んだ。

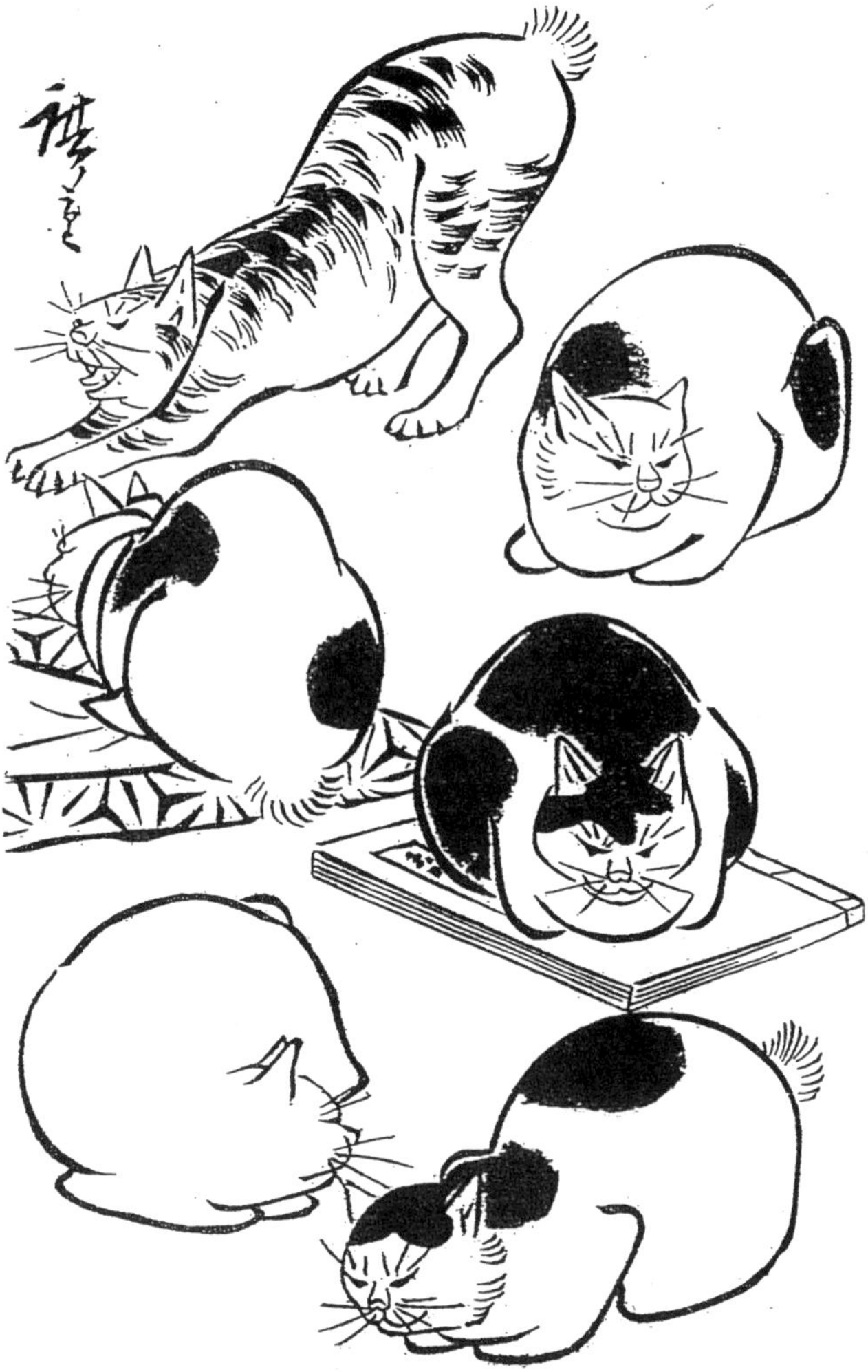

「おまえを叱って悪かった。勘弁しておくれ。今朝もほれ、汚れた手拭が掛かっておるが、おまえではなかった。うちにはもう一人、いや一匹家族がおったのを忘れておったわ」

そういって、和尚は猫の三毛用の手拭を新しくおろして、その隅に「三毛」と名前を書いてやった。

次の日の朝、和尚が顔を洗おうと手拭をとりにいくと、三毛の手拭はなかった。三毛は和尚からもらった手拭を持って踊りにいき、そのまま二度と寺には戻ってこなかったという話である。（角川書店版『日本の伝説』）

58 印は将棋の駒の跡（静岡県）

むかし、静岡県伊豆の松崎に、三河澄隆という寺の住職がいた。

ある晩、住職が客と好きな将棋を指していると、隣り村のものが葬式の知らせをもってきた。ところが将棋に夢中な住職は、なかなか腰をあげなかった。

じっと盤上に目を据えていた住職は、駒台から将棋の駒をひとつ取りあげると、ぴしゃりと盤の上に打ちつけ、指先に力をこめて駒を押さえて言った。

「死者はいま、火車《かしゃ》（年をとって化け猫となり、死者の遺体を盗むという猫）になった猫にとられるところだったから、拙僧がこうして将棋の駒で押さえつけて、さえぎったのじゃ。家に帰って死者のからだを見てごらんなさい。きっとどこかに駒の跡がついておるから」

隣り村の男は、葬式の段取りを指示されて家に帰り、さっそく調べてみた。すると住職がいったとおり、死者の臀部に鮮やかな将棋の駒の跡がついていたという話である。（県立女子師範学校郷土研究会『静岡県伝説昔話集』）

59 裏山の岩に祀りこまれた猫（愛知県）

愛知県東加茂の足助《あすけ》の里にある大鷲院という寺の裏山に「八畳岩」と呼ばれている岩がある。

この岩はむかし、寺の和尚が飼っていた猫を祀《まつ》った岩だといわれている。

ある日、村外れの家で葬式があって、和尚が出かけようと支度をしていると、長年寺で飼っていた猫が部屋に入ってきて、和尚にむかって、

「今日は、気をつけて葬式をしてください」

と、いった。

和尚は「ふん」と鼻先で笑っただけだったが、心のうちでは「なにをいうか。猫がなまいきなことを」

と思いながら、寺を出ていった。

田畑を越えてその家に着き、いよいよ葬儀がはじまるという時になると、急に空が暗くなって、真っ黒な雲が家の上にやってきた。そして雲のなかから、不気味な金色の目玉だけが

見える怪しいものが降りてきて、棺に入った死者を持ち去ろうとした。
するとお経を唱えていた和尚は、いきなり手にしていたほっすで怪しいその目玉をなぐりつけた。叩かれた目玉が消えると、たちこめていた黒雲も去って、葬式は無事に終えることができた。

和尚が寺に戻ってくると、猫が目の上の額から血を流していたので、さっきの悪事は猫の仕業だと合点した。そこで和尚は猫に、

「おまえを長らく飼ってきたが、寺の猫が化け猫になり、火車となって今日のようなわるさをするようになっては、もうここへは置いておけぬ。これからは、裏山の八畳岩をおまえの宿として暮らせ」

と叱りつけると、法力で寺の裏山にある岩へその猫を祀りこんでしまったという話である。

（ぎょうせい版『日本の民話』）

十五　猫の恩返し

60　愛猫の治療（東京都）

むかし、江戸神田久右衛門町の棟割り長屋に、ひとりの大工が住んでいた。男は愛する女房に先立たれて、独り暮らしに明け暮れていたが、長屋の住居に一匹の牡猫を飼って可愛がっていた。

毎朝長屋の家を出る時には、猫にその日の食事をちゃんと手当していき、夕刻仕事を終えると家族に土産を持ち帰るように、必ず猫に与える食べ物を買って帰ってきた。

ところがある時、男は眼病を患った。木片の切粉でも目に入ったのか、仕事をしている時に痛みを覚えたのだ。二、三日過ぎても痛みがとれず、反対にますます激しくなってくるので医者に診せたところ、医者は、

「これは難病で、とても治しがたい」

と、いう。

男は意気消沈して長屋に戻ったが、目の痛みは頭痛となって男を苦しめ、とうとう両目とも見えなくなってしまった。

そこで男は猫を呼び、食事を与えられなくなったことを、子どもに諭すように言いきかせると、猫はその日から夜といわず昼といわず、床に臥している主人の両の目をざらつく舌で舐めつづけた。

すると、不思議なことが起こってきた。目の痛みもやわらいで、眼病は次第に快方にむかったのだ。そしてやがて片方の目だけがどうにか見えるようになった。

男は喜んで愛猫を見やると、なんと、猫の片目はつぶれて一つ目になっていた。自分の姿を見られたからだろうか、猫はそのまま男の家を出て、どこかへ行ってしまった。猫は自分の一つの目をもって、何年も可愛がってくれた主人の恩に報いたのだ。大工の男は猫が家を出ていった日を命日とし、香華をたむけて経を唱えたという話である。（青葱堂冬圃『真佐喜のかつら』）

61 猫の托鉢（福岡県）

むかし、福岡の町のある旧家に、長い間飼われている一匹の猫がいた。

この旧家は、あることから零落し、一家は食べるものにも不自由をする日々がつづくようになってしまったが、猫思いの主人《あるじ》は自分の食を減らしても猫に与えていた。

ある時、夕食をすませて一家が寝るころになると、猫はどこへ行くのか、こっそり家から出ていった。

翌朝主人が目を覚ますと、枕元に八文の銭が置いてあった。主人は不思議に思った。その日の夜になると、猫はまた家を出ていき、次の日の朝になると、主人の枕元にわずかな銭が置いてあった。

銭の額は一定ではなかった。主人はいろいろ思案をめぐらしたが、見当がつかない。結局銭は猫がどこからか盗んでくるのだろうと考えて、納得した。

もしそうだとすれば、黙って許しておくことはできない。そこで夜になると家を出て、こっそり猫の後をつけてみることにした。

猫は近くの川辺に行った。そしてなにかを探すように、しばらく流れに沿って歩いていたが、そのうちに足をとめると、川岸に生えている川藻のようなものを採っては、何度もそれを頭の上になすりつけていた。

すると猫の姿はだんだんと消えて、盲人の姿に変わったのだ。

盲人となった猫は棒の杖をつきながら、町へと出ていった。そして一軒一軒家を訪ね、わずかな施しを受けると、それを大事にしまいこんでいた。猫は、その銭を主人に届けていたのだった。

真相を知った主人は猫を呼んで、心根はうれしいが、恥ずかしいことはやめるように懇々と諭すと、猫はその日のうちに家を出て、二度と再び戻ってこなかったという話である。（岩井宏美『暮らしの謎学』）

62 魚売りと猫（東京都）

江戸深川両替町の富家時田喜三郎の家に、一匹の猫が飼われていた。

近所に住む魚売りの利兵衛はこの猫が好きで、商《あきな》いに出入りするたびに、魚肉を与えていたので、利兵衛がやってくるとまずこの猫が出てきて、魚片をねだるようになっていた。

ある時、利兵衛はからだをこわして商いにも出られずに家で臥していた。もともと貧乏暮らしなので貯えもなく、朝夕の食事にもこと欠くありさまだった。

魚売りがまわってこないので、時田の家のまわりでも、利兵衛の病気の噂がひろまっていた。

文化十三年（一八一六年）の春のある夜のことだった。

病臥している利兵衛のところへ一匹の猫がやってきて、上がり框《かまち》の下で声をあげた。目をやると、時田の家の猫である。

「おまえかい。よく、おいらの家がわかったな。見舞いとはありがてえが、もう大丈夫だ。あしたからまた働きに出るよ」

利兵衛は、布団から起きあがった。そして懐かしさから猫を抱きかかえようとすると、猫はくわえてきた紙包みを、上がり框の下の土間へ置いたまま去っていった。

紙包みに気がついて開けてみると、なかに一枚の小判が入っていた。

「猫が小判を置いていくとは……」

利兵衛は不思議に思ったが、手元に金子がなかったので、その一両で息をつき、翌日からまた商いに精を出すようになった。

ところが、猫を飼っている時田の家では、たいへんな騒ぎが起きていた。先日も一両の小判が消えていたが、今度も主人の喜三郎が紙に包んでおいた店の十三両のうちから、二両の小判が消えていた。慌てて店のなかを探していると、猫が紙包みをくわえて外へ走り出ていった。

店にいたものたちが追いかけると、猫は小判を落とし、紙包みだけを口にくわえて姿をくらました。

先日なくなった一両も猫の仕業に違いないと思った家のものたちは、猫が戻ってくると、

「この泥棒猫めが！」とばかりに、寄ってたかってたたき殺してしまった。

一方、何も知らない利兵衛は、猫からもらった一両のおかげで魚を仕入れ、さっそく猫に礼をしようと、魚の切身を用意して時田の家を訪ねると、出迎えてくれるはずの猫の姿が見えない。家のものにたずねると、

「あの猫は、もういない。たたき殺したよ」

と驚くべきことをいうので、利兵衛は言葉を失った。そして猫が自分のところへくわえてきた一両の小判から、騒ぎがはじまったことを知ったのだった。

利兵衛は涙を流し、主人《あるじ》の喜三郎たちに猫がくれた思いもかけぬ一両で自分が救われたことを話した。時田の家の猫は利兵衛に一両の小判を運んだあと、なお二両の小判を与えよう

として悲惨な目にあったのだった。

主人の喜三郎は、利兵衛は猫が一両を包んできた紙包みがまだ家にあるというのでそれを持ってこさせると、紙包みに書かれているのは、まぎれもなく自分の手跡だった。

こうした経緯を知った喜三郎は、猫のいじらしさに心をうたれた。

「日ごろから好物の魚をくれるので、病気だと知り、その恩に報いるつもりだったのだろう。そうとは知らずに不憫なことをした……」

喜三郎は猫が運ぼうとした二度目の小判を、猫の志をつぐつもりで、利兵衛に与えた。利兵衛はその二両をうけとると、猫の死骸をもらい受け、両国の回向院に葬るというので、同年三月十一日、利兵衛は喜三郎と一緒に猫の墓をたてた。墓石には「徳善畜男」という猫の法名を刻み、その脇に「時田喜三郎猫」と誌したという話である。（宮川政運『宮川舎漫筆』『藤岡屋日記』ほか）

63 虎子の話（青森県）

むかし、青森県の下北半島にある大畑の造り酒屋大橋雅楽之介《うたのすけ》の家に、毛並みが縞模様の「虎子《とらこ》」という猫が飼われていた。

虎子は雅楽之介の家のものよりも、丁稚の頃から、かれこれ二十年ちかくも同家で働いている男になついていた。

男は虎子を自分の飼い猫のように可愛がって、よく食べものを分け与えたりしていた。夜などは添い寝をするようにして、いつも布団にくるまって寝ていた。

ある日のこと、町での用事をすませた男は、日暮れの帰路を急ぐあまり、近道をしようと大豆畑のなかを踏み越えていった。

急ぎ足で畑のなかを横切っていくと、むこうに畑の持ち主らしい男の姿が見えた。断わりもなく、他人の畑のなかを歩いてきた男は狼狽した。足元をたしかめもせずに、うろつきまわり、そのはずみに足を踏みはずして、かたわらを流れている草にかくれた疎水《そすい》のなかへ転げこみ、つまらぬことでいのちを落としてしまったのだった。

男が可愛がっていた猫の虎子が、不思議なことをし始めたのは、男の野辺送りがすんで、しばらく経ってからのことだった。

それまでほとんど家にいて、夜など屋外へ出ていかなかった虎子が、夜になるとよく家の外に出ていくようになったのだ。

虎子は酒蔵から酒糟を盗み出すと、それをくわえて、まっすぐ男がいのちを落とした大豆畑の脇の淵へむかい、くわえてきた酒糟を水のなかへ落としていた。

自分を可愛がってくれた男への手向けのつもりだったのだろうか。虎子はその後も何日かに一度、酒糟を畑のなかの淵へ運んでいたが、あわれにも野犬の群れに襲われて、ある朝、無慚に荒らされた大豆畑のなかで、殺されていたという話である。（前出『奥隅奇譚』）

64 猫又橋の話（東京都）

嘉永年間（一八四八年～一八五四年）の話である。

埼玉県の川越に、彦兵衛という富裕な絹商人《きぬあきんど》がいた。妻のお波との間に一男をもうけたが、生まれて間もなく亡くなってしまったので、夫婦は悲嘆にくれていた。

するとある日の朝、門前に可憐な赤児が棄てられていて、形見の刀と守り袋が置いてあった。由緒ある武士の子らしいので、児を亡くして淋しかった彦兵衛夫婦は、喜んでこの棄て児に門二郎と名づけ、わが子として養育することにしたのだった。

ところが、その後、彦兵衛はふとしたことから塚山新八という浪人者に金の無心を吹っかけられ、それを断わったことから新八の怨みをかい、殺《あや》められてしまった。

妻のお波は、十五歳になっていた門二郎に江戸で剣術を修得させ、父の仇を打たせたいものと覚悟をきめた。そして、彦兵衛が生前可愛がっていた一匹のまだらの猫を連れて、親子で小石川氷川神社の近くに住むことになったのだ。

ところが間もなく、お波は風邪が元で病床に臥す身となってしまった。

一方、門二郎はめきめきと武術の腕をあげていったが、暮らしのなりわいも考えなければならないので、使い走りなどをして小銭を得ていた。しかし貧しい暮らしのなかにあっても、父彦兵衛の形見の猫だけは大切にして可愛がり、よく魚などを買って与えていた。

するとある日のこと、このまだらの猫が病床のお波の枕元に、なにやら光るものを置いた。手にとると、なんとそれは一枚の小判だった。家の窮状を察してか、畜生の猫がどこかから盗んできたものに違いないと思い、お波は猫を叱りつけたが、猫は一度ならず毎夜のように小判をくわえてくるので、困ってしまった。

お波と門二郎が住む家の近くに、鎌倉喜平という質両替を渡世とする裕福なものがいた。ある夜、喜平は枕元で物音がするので、ふと目をやると、見馴れぬ猫が簞笥《たんす》の引出しを開けて、小判をくわえていこうとしていた。

先日からどうも金の出入りが不足すると思っていた喜平は、此奴《こやつ》の仕業であったかと起き上がると、猫をたたき殺し、死骸を家の裏を流れる川に棄ててしまった。

お波と門二郎は、飼い猫が急に姿を消して見えなくなったので心配し、あちこち捜しまわったが行方はまるでわからなかった。

途方にくれていると、近所のものから、先日鎌倉屋に入った盗賊猫が捕えられて殺されたという話を聞かされた。その猫が自分の家の猫だと察しをつけたお波は、親子で詫びにいってせめて死骸だけでももらい受けたいと思った。しかしお波は病状が思わしくないので、手をつけずに取り置いてある猫がくわえてきた小判全部を門二郎に持たせて、鎌倉屋を訪ねさせた。

ところが、世の中はどのようなことが起こるかわからないものだ。

鎌倉屋の主人《あるじ》の喜平は門二郎を見て、はっとした。そして顔をしげしげとみつめた。頬には忘れもしない黒子もあるし、なんといっても門二郎の表情が亡くなった自分の妻とよく似ているのだ。

そこで喜平は、門二郎に案内をしてもらい、病臥しているお波のところへいって話を聞くと、話のなかに太刀のこと、守り袋のことなどが出てくるので、門二郎は喜平の実の子であることがわかったのである。

鎌倉屋喜平は、元は岸野十左衛門という身分のある侍だった。旅先の川越で妻が門二郎を産んだ後、産後の肥立ちが悪く病死したため、乳に困って生まれて間もない赤児を彦兵衛の家の門前に棄てたのだった。

その後、喜平は後見として門二郎にめでたく養父彦兵衛の仇を討たせた上、子どものないのを幸いに、後家のお波をめとって門二郎に全財産を譲り、鎌倉屋の後嗣にした。

これというのも、養父の形見であるかのまだら猫の引きあわせだというので、ひとに頼んで犬がかりに川のなかを捜させたが、猫の死骸はどうしても見つからなかった。そこで、喜平が殺した猫を投げ棄てた場所に供養のため橋を架けたのが、後に「猫又橋」と呼ばれるようになったという話である。（佐藤得三『江戸伝説』）

65 幼い姉妹を救った猫（山形県）

むかし、山形県の長者原に、暮らしが苦しくて難儀をしながら、わずかな畑を耕やしている夫婦がいた。

　この夫婦には幼い娘が二人いて、これまでどうにか養ってきたが、とうとう二進《にっち》も三進《さっち》もいかないところまできてしまい、これから先、育てていく目当ても立たなくなってしまった。家には二人の娘が可愛がっていた猫がいたが、その猫に餌を与えることもできなくなったので、猫の方から家を出て、どこかへ行ってしまった。

　ある晩のこと、両親が布団に入って話をしているのを、寝つけずにいた姉娘が聞くともなく聞いていると、母親が小さな声で、

「お父《どう》よ。可哀想だが、明日山さ連れてって二人とも棄ててこねえか」

といっていた。すると父親は、

「しかたねえな。そうすっか。この分じゃ暮らしていけねえしな」

と、やはり小さな声で応えていた。

　次の日の朝、食事が済むと、父親が娘たちを山へいちごもぎに誘った。

　上の娘はゆうべ両親の話を聞いていたので、行かぬと駄々をこねたが、なにも知らない妹が喜んで姉を誘うので、姉もしぶしぶ同意した。

　姉娘は思慮のある娘だった。道がわからなくなりそうな時の目印に撒いて行こうと、囲炉裏の灰を袂に入れて出かけていった。

　山の奥へ入ると、父親はもっとたくさんいちごがなっているところを探してくるといって、姉妹をその場に残すと、自分はさっさと山を降りて家へ帰ってきてしまった。

　山ではいくら待っても父親が戻ってこないので、妹がべそをかきはじめた。すると姉娘は、

「お父《ど》っあんは、いくら待っても戻ってはこん。ゆんべな、おっ母《か》とおれたちを山さ棄てると話しておったんじゃ。じゃが心配はいらん。おれが道標《みちしるべ》に灰《あく》撒いとったから、それさたよりに、早よ家さ帰ろう」

といって、妹の手を引きながら暗くなりかけた山道をたどって、家に帰ってきた。

その晩のこと、おっ母とお父っあんがまた話をして、

「こんどは帰ってこられんところさ、連れていかねえとな」

と話すのを、姉妹は聞いていた。

翌朝、父親がまたいちご採りにいくというと、二人はいかぬと泣きだしたが、父親は姉妹を引き立てるようにして山へむかった。

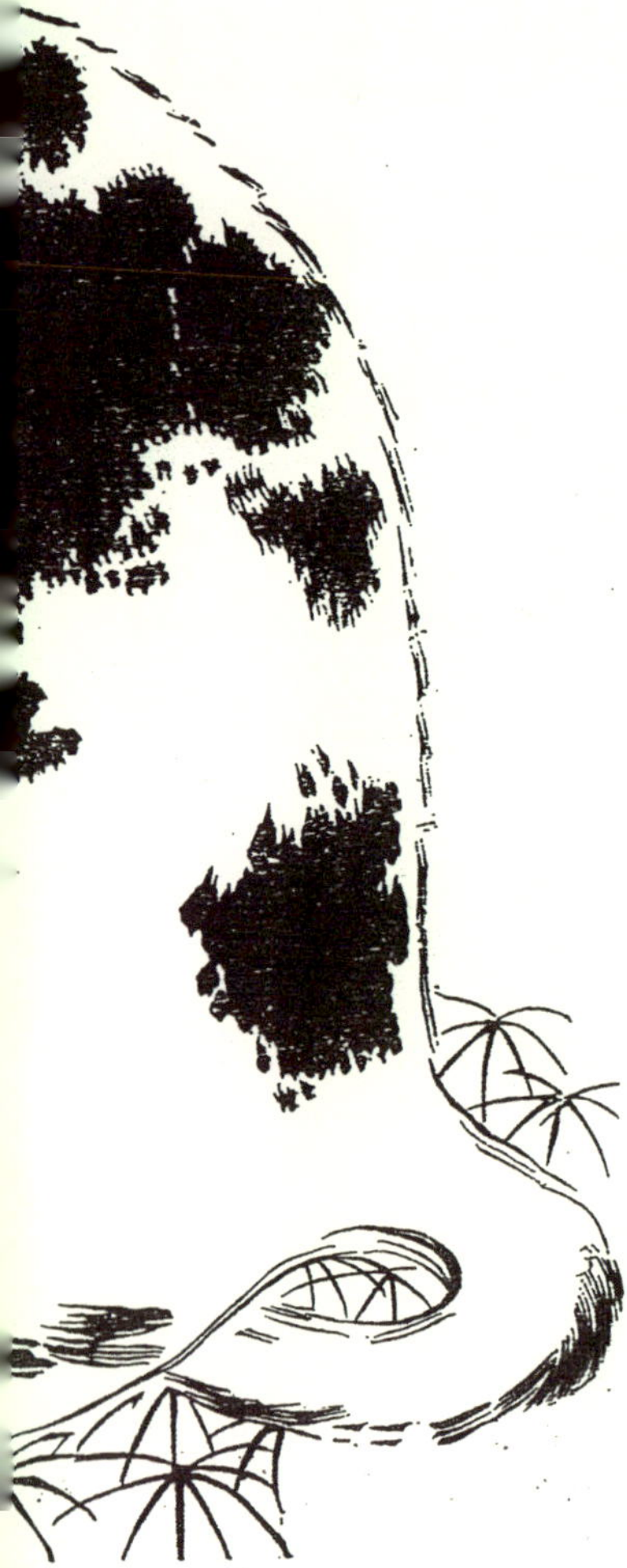

今度は囲炉裏の灰をつかむ間がなかったので困ったが、姉娘は途中の田んぼのはずれに蒔き残した種籾があるのを目敏《めざと》く見つけて袂に入れ、途中でぽろりぽろりと落としていった。

山をふたつばかり越えた奥に入ると、いちごがたくさんなっていた。父親は、

「おら、たきぎを採ってくるから、おまえらは、ここでいちご採ってろや」

といい残して行ったきり、いくら待っても戻ってこなかった。

姉妹は自分たちで家に帰ることにして山のなかを歩きだしたが、途中で撒いておいた種籾は鳥たちが拾って食べてしまい、道がわからなくなってしまった。

日は暮れてくるし、疲れも出てきて、二人はその場に座り込んで泣きだした。

すると、遠くから猫の鳴き声が聞こえてきたのだ。

「山猫だべか。猫まただべか。おらたちを喰いにきたんかも知れんど」

姉娘は妹のからだを抱きかかえ、ふるえていた。

と、足元に一匹の猫が現われて、姉娘の着物の裾をくわえて、

「おれに、ついてこい」という仕草をした。

姉娘が猫の顔を見ると、なんとその顔はいつの間にか家から姿を消した姉妹の可愛がっていた猫だった。

二人の姉妹は、ほっとした。そしてちょたちょた猫が歩く後についてひと山越えていくと、沢に出た。猫は今度は鼻を地面につけて土の匂いを嗅ぎながら、またちょたちょた歩いていくので、後からついていくと、ちょうど家の裏山に出ることができた。

こうして幼い姉妹は可愛がっていた猫に導かれて、やっと家にたどり着いたが、親たちが

また自分たちをどこかへ棄てる相談をしないか、眠らずに耳を澄ましていると、夜更けに親たちの話し声が聞こえてきた。

「どこさ投げても帰ってくるから、なんとかして育ててみっぺ。もう棄てることはやめっぺ」と母親がいうと、父親のうなずく声が聞こえた。

幼い姉妹は喜んで、布団のなかで抱きあいながら、笑顔で眠りについていった。

一度は家を出ていった猫も、姉妹たちと家に帰ってきて、また一緒に暮らすようになったという話である。（佐藤とよいほか『長者原老媼夜話』）

66「よか分別」（佐賀県）

むかし、佐賀県鳥栖に、「河内山の弥右門」という名の猪撃ちの名人がいた。

弥右門は若い頃猟師になってから、これまでに九百九十九頭の猪を射止めてきた。千頭まであと一頭というところまできたのだが、そこで考え込んでしまった。千頭射止めれば、猪撃ちの猟師としてその名も高まり、大きな名誉になるのだが、千頭目を射止めると同時に、その猟師のいのちも奪われるという古くからの言い伝えがあって、迷っていたのだった。

けれども弥右門は、千頭の猪を射止めたという猟師の名誉には勝てなかった。「迷信など信じておじけづいていて、猟師ができるか」と自分を奮いたたせながら山に入り、わな《かい》を仕掛けて、夜、猪が出てくるのを待っていた。

すると、むこうの木の根元に仕掛けたわなの餌に、獲物が近づくのが見えた。

弥右門が火縄の銃口を獲物にむけ、狙いを定めて引金を引こうとした時、沈黙《しじま》のなかから突然「どどどど……」という山をゆするような妙な音が聞こえて、目の前に山の神が現われた。そして、

「よか分別」

と、たった一言いって消えていった。一瞬のことだった。

獲物に狙いを定めていた弥右門は、同時に引金を引いていた。

次の瞬間、突如獲物の前になにかが板を持って現われ、撃った弾はその板に当たったが、なんと、板の裏から大きな猫がとび出して茂みのなかへ逃げ込んだのである。

「なんじゃな。あの猫は邪魔しよって。まさかわしが猪と猫を見違えたんではあるまいな」

弥右門はその夜は、そこで猟を打ちあげて家へ帰ったが、家に入ると、顔色を変えた女房が、激しく興奮しながら、

「三毛が、三毛が外で大怪我をしてきた」

と、家で飼っている猫が、血まみれになって外から帰ってきたというのである。

弥右門が見にいくと、血まみれの猫の三毛はすでに息を引きとっていた。

弥右門は家の猫が犠牲となって、自分を救ってくれたことを知った。それと同時に、あの時姿を現わした山の神の言葉を思い出した。

この日を限りに、弥右門は猪撃ちばかりか猟師をもやめてしまった。そして三毛を手厚く葬ると、墓石に「よか分別」といった山の神の言葉を彫りつけたという話である。（前出『日

本昔話通観』）

（メモ）宮崎県や熊本県の山間には猟師は千頭、またはその一歩手前で狩猟を中止しなければならないという禁忌習俗がある。千頭目の獲物があると、千頭供養の碑を建てたり、獲物があるたびに海魚のオコゼに一枚の紙を巻き、九百九十九頭の獲物があった時点で猟をやめるという伝承があるところもあるという（永松敦『狩猟民俗と修験道』）。

「よか分別」は「猫の昔話・伝説の話型」の一つである「猫と茶釜の蓋」にそった話で、106話「猫と茶釜の蓋」の類話である。

十六　猫嫌い

67「猫恐《ねこおじ》の大夫」の話（奈良県）

平安時代、「猫恐《ねこおじ》の大夫」と渾名《あだな》をつけられた大蔵大夫藤原精廉《きよかど》は、山城、大和、伊賀三国にわたる大荘園の領主であった。清廉はけちで奸知にたけ、その上図太さにかけては誰にも引けをとらない男だった。

そのくせ、「鼠の生まれ代わりではないか」と噂されるほどのたいへんな猫嫌いで、猫を見るとどんな大切な用事の時でも、顔を覆って逃げだしたといわれる。

この清廉が大和の国守藤原輔公《すけきみ》の再三の督促にも一向に耳をかさず、税米を納付しなかった。清廉は位も高く、都では顔もきき、はぶりもきかせていて、一国守の命令などなんとも思わない。役所に呼び出しても、図太い清廉にうやむやにされてしまう。それほど面倒な男なので、輔公は一計を案じることにした。

輔公は清廉を、部屋の出入口をふさいだ狭い壺屋に招き入れ、

「自分の任期も今年いっぱいなので、任期が終わるまでに、必ず年貢の米を納めてくれぬか」

と膝詰談判に及んだが、清廉は案の定、巧みに言い逃れようとするので、輔公は部屋の外

に待たせている部下の役人たちに、「用意したものを持ってくるように」と、声をかけた。清廉はなにが運ばれてくるのかと思っていると、五人の役人が琥珀色の目をした一尺あまりもある大猫を一匹ずつ抱えてきて、部屋のなかに放った。

とたんに清廉の顔色が変わり、蒼白になった。五匹の猫は部屋のなかを鳴き声をあげながら歩きまわり、清廉の裾の匂いを嗅いだりするので、清廉は身の置き場もなくあわてふためいた。ふるえながら哀願して、卒倒しそうに見えたので、輔公は猫を部屋の片隅につながせて、

「今日じゅうに納米を済ませていただけねば、猫をまた放ちますぞ」

と脅すと、さすがの清廉も承知した。

清廉は全身汗まみれで、猫が鳴くたびにおくびでもするようにふるえあがっていたという。輔公は、ただちに役人に命じて筆と硯《すずり》と紙を持ってこさせると、証文を書かせた。清廉は五百石にものぼる年貢米の納入を怠っていたのだ。

証文が書き上がると、輔公は清廉に役人を同行させて宇陀の屋敷に赴かせ、全部の年貢米を納めさせた。巷《ちまた》のものたちは、猫におびえた清廉の噂話を聞いて、みな大笑いしたという話である。（『今昔物語』ほか）

68 頑固一徹の猫嫌い（群馬県）

むかし、群馬県一ノ宮のある神社に、物部安常という宮司がいた。

ある時、安常は久しぶりに隣藩に住む猫間という正直で柔和な知人の家へ出かけていって、びっくりした。猫間氏の家と安常もよく知っている隣りの志度氏の家との間に、高い板塀が築かれていたのだ。

板塀は猫間氏の家が目に入らぬようにするために志度氏が築いたもので、陽が入らなくなった猫間氏の家のなかは、すっかり暗くなってしまっていた。

安常が何故《なにゆえ》、志度氏がこんな高い垣を築いたのか尋ねると、猫間氏は静かな語り口で、隣家とのいさかいについて話しだした。

ある時、猫間氏の家で飼っている猫が隣家にいって、志度氏がたいへん可愛がっている鼠を喰い殺してしまったのだ。志度氏が飼っていた鼠というのは普通の鼠とどう違うのか、どのような鼠だったのかは不詳だが、とにかく可愛がっていた鼠を殺されたので、志度氏は怒って猫を殺してしまったというのだった。

ここから、隣家同士の対立がはじまった。

志度氏は猫間氏とは正反対の人で、一度言いだしたら、決して後に退かないという頑固一徹の強情者で、猫が大嫌いだった。家にある「猫」と名のつくものは、みな棄てさせるという徹底ぶりで、猫あし膳具、猫火桶などは打ちくだき、背の高い下女も猫背だからという理由でやめさせてしまった。ある人が庭の柳の木を見て、「あれは猫柳の木じゃな」というと、その木も伐り倒してしまったという。

安常は数日、猫間氏の家に世話になっていたが、ある一夕、隣りの志度氏の家に多くの人が集まって酒宴をはり、歌を唄い、琴三味線などを弾いて踊り騒いでいた。安常は大きな紙に次のような一首の歌をしたためて、志度氏の家の門に貼っておいた。

人心くるひにくるふ　さみせんは
恋せ猫の皮にぞありける

この歌を見た志度氏は、奥方が師匠をしている三味線をやめさせ、家にある三味線を全部こわしてしまった。志度氏の家は奥方が多くの弟子をとって裕福な暮らしをしていたが、次第にかげりを見せるようになって、やがて家を引きはらうと他国へ移っていったという。

後になって猫間氏からこの話を聞かされた安常は、

「そこまでするとは、思いもしなかった。世の中には自分には考え及ばない頑固一徹のものがいるものだ」

と、驚きあきれたという話である。（八島定岡『狂歌奇人譚』ほか）

十七　愛猫が取り憑いた話

69 妻に取り憑いた愛猫（栃木県）

文化十一年（一八一四年）のこと、東照宮大修復のため江戸から多くの役人が日光にむかった。

その一人である御徒《おかち》目付の梶川平次郎は、最近日光で起こった「猫をめぐる怪事」について土地のものから聞かされた。

日光に家を構えている奉行組の同心の一人、山中庄四郎の妻は猫を愛し、つねづね三、四匹もの猫を家で飼っていた。

その庄四郎の妻が二年ほど前からなんとなく病みだし、おかしな振る舞いを見せるようになったのである。その奇癖は去る冬以来ますますすすみ、ほとんど口をきかなくなったばかりか、猫の真似をしはじめたのだ。食事をする時も手を使わずに、猫のように皿のものにいきなり口を持っていく。食事も少しずつ、一日に何度も摂《と》るようになったという。

「これは病いではない。猫にでも取り憑かれておるんではなかろうか」

家のものたちも困って、加持祈禱を頼んだが、効き目はなかった。

ところがある時、病人のその妻がみずから口を開いて、

「八年前に死んだ猫が、わたしに取り憑いております」

と、口走ったのだ。

これには夫の庄四郎も驚き、

「死ぬまでおまえが可愛がって飼っておった猫が、取り憑くなどとは合点がいかぬ」

と妻を叱責した。

すると、妻はまた口を開いたが、それは妻が喋っているのではなかった。妻に取り憑いている死んだ猫が妻の口を借りて、言葉を発しているのだ。

「とても可愛がってくださったので、どうしても離れられないのです。いま飼っておられる猫も、みんなわたしが産んだ子猫ですから、いっそうここから離れられないのです」

庄四郎は、言葉に窮した。どうしたらよいのか、見当がつかなかった。

しばらく考えをめぐらしていたが、知人に話をして蟇目《ひきめ》（邪気払いのために蟇《ひきがえる》の目をつけた矢を射ること）を執《と》ったところ、妻に憑いていた猫は離れていった。夫の庄四郎も家のものもほっとしたが、妻は病床についたまま三日目に息を引きとってしまった。

蟇目を執りおこなった時、妻は、

「死んだ猫は庭に埋めてある。犬に喰われて死んだのをそのまま包んで、庭に埋めてあるので、掘り出して川に流してくれるように」

と語っていたので、庭を掘り返してみると、八年前に埋めたにもかかわらず、猫の死骸はどこも変じていない状態だった。庄四郎はさっそく川へいって流すと、家に残っていた猫た

ちをすべて山に棄て、猫が住んでいた家を清めるためにお祓いをしてもらったという話である。（前出『耳袋』）

70 古猫、老母に取り憑く（一）（東京都）

江戸は駒込あたりに住む若い同心が、非番で家で昼寝をしていると、鰯売りが声をあげて長屋の家の前を通っていった。

するとと同心の老母が声を掛けて、鰯売りを家へ呼び込んだ。

「この鰯、残らず全部買うから、まけておくれ」

老母が手に握っていたわずかな銭を見せていうと、鰯売りの男は、

「それだけの銭で、この鰯全部は売れんよ。値をまけることも、できんね」

と、嘲《あざけ》り笑ったので、老母は怒りだした。

顔は猫になり、口が耳元まで裂けて、いきなり鰯売りの顔を掻きむしろうと手を振りあげた。びっくりした鰯売りは「化け猫だ！」と声をあげ、商売道具を家の前へ置いたまま、つんのめるように逃げていった。

この騒ぎに同心の息子が目を覚まして見ると、自分の老母の顔は猫そのものになっていた。

「さては、化け猫。わが母を喰ったか。成敗してくれる――」

とっさの勢いで枕元の太刀を手にとると、一刀のもと、猫の顔をした老母を斬り殺してし

まった。しかし、死骸を改めると、それは化け猫ではなく母親であった。

家のなかから飛びだしてきた長屋の隣り近所のものたちが、そこで目にしたのは、やはり猫ではなく同心の老母だった。

商売道具を取りに戻ってきた鰯売りは死骸を覗き込んで、

「たしかに、おらが見た時は猫だった」

といったが、誰が見ても同心の母親にまちがいなかった。

親殺しの大罪を犯してしまった同心の息子は激しい自責の念にかられて、長屋のものたちが見ているその場で切腹し果てたという。

これは腹をすかしていた野良の古猫が、魚欲しさに同心の老母に取り憑いて起こした騒ぎだという話である。（前出『耳袋』）

71 古猫、老母に取り憑く（二）（宮城県）

陸前国（宮城県）気仙沼に住む儀八郎の母は病弱で、物静かな老母だった。

それが最近、どうしたことかこれまであまり口にしなかった魚や鳥の肉を、大変好むようになった。毎日食べていると妙に元気が出て、からだの動きも楽になってきたというので、家のものたちは喜んでいた。

この老母は家のものたちの留守に、よく近所の子どもたちを集めて、踊りを教えたり、一緒に踊ったりしていた。

ある時、近所の家で飼っている鶏が何者かに盗まれるという事件が起こった。ところが、それが一度だけでなく何度もつづくので、人びとは不思議に思っていた。

そして、とある日の暮れ方、ひとりの六部が浜の街道を気仙沼にむかって歩いていると、突然頭上の木の上から六部に襲いかかって跳び降りてきたものがあった。

六部がとっさに護身の刀を抜いて切りつけると、ひと声「ぎゃあ」という奇声を発して、大きな猫が傍らの藪のなかへ姿を消していった。

六部はやがて気仙沼の里に入り、一夜の宿を乞うたのが、儀八郎の家だった。

なにか取り込みがあったようで、家のなかが騒々しかったが、家の主人《あるじ》の儀八郎はこころよく六部の願いを聞きいれて、部屋に通してくれた。

ところが夜更けになると、六部が寝ている部屋のなかが、にわかに騒々しくなった。六部が目を覚ますと、これはいかに、たくさんの子猫たちが、枕元から布団の上にまであがって踊り戯れていたのだ。

その時、行燈の灯がひときわ激しく揺れたかと思うと、大きな猫が一匹、行燈の油を舐めはじめた。六部は布団を蹴りとばして起きあがろうとしたが、不思議なことに金縛りにあったように、からだがまったく動かなかった。

朝になるのを待って六部が家のものに挨拶をすると、儀八郎の方からきのうの取り込み騒ぎの話を口にして、詫び言をいうのだった。

その詫び言というのは、騒ぎは、六部が儀八郎の家を訪ねる少し前に、老母がにわかに発病して倒れ、額に大怪我を負って床についたためだというのである。それを聞いた六部は一宿のお礼として、祈禱によって治療をして差しあげたいと申し出ると、儀八郎は喜んだが、当の老母は激しく拒んだ。しかし家のものたちの強いすすめで、老母もやっと受け入れることにしたのだった。

その時六部は別の部屋に主人の儀八郎を呼び入れると、昨日自分の身の上に生じた怪事や、昨夜自分が泊まった部屋で起こったことなどを話して、それは怪猫のせいで、病気の老母の正体はその怪猫に違いないと説いたのだ。

老母の額にできた生々しい傷跡を不思議に思っていた儀八郎は、六部の話を聞いて納得し、六部に母親に取り憑いている怪猫の退治を依頼した。

六部は夜が更けるのを待った。そして覚悟を決めると、老母が寝ている部屋に飛び込んで、一気に老母を襲った。

いままで病気といって寝ていた老母は、布団のなかから身軽に起きあがり、六部に斬られると、恐ろしい形相で天井までとび上がって落ちてきた。

儀八郎の家のものたちは無慙に切り殺された老母の姿を見て、驚きで言葉を失ったが、やがて老母は誤って殺されたのではないかと、六部を激しく罵《のの》りはじめた。

すると六部は、落ち着き払って、

「およそ、獣が人に化けて年月を経たものは、いったん死んだり殺されたりしても、容易にその正体を現わさないものです。これは、あなた方の母君ではありません。化け猫が母君に化けているのです」

そういって、夜が明けるまでしばらく待つようにと言った。

家のものたちは老母を殺《あや》めた六部が逃げないように警戒して、部屋のなかに閉じ込めた。

やがて夜が明け、朝の光が老母の部屋に射し込むと、老母の死骸から白い蒸気のようなものが立ち昇りはじめた。そして老母の姿は見る見るうちに消えて、額に傷跡のある一匹の大きな猫の死骸に変わったという話である。（巌谷小波『大語園』ほか）

（メモ）人間に化けている怪猫が殺された時、ただちに正体を曝け出すのではなく、本話のようにある程度の時間を要する話もある。新潟県に伝わる85話「武蔵の猫また退治」も後者の例で、「四時間くらい」かかるという。

十八　猫また屋敷の話

72 猫の王様の館 （熊本県）

阿蘇の根子岳はかつて「猫岳」といい、この山には猫の頭領が棲んでいるといわれていた。

ある時、一人の旅人がこの猫岳の山道で迷ってしまった。行けども、行けどもすすきが原ばかりで、日もだんだん暮れてくる。旅人は引き返すにも進むにもほとほと疲れはて、途方に暮れてしまった。

腹も空いてくるし、歩く気力も失って、旅人は背丈ほどもあるすすきのなかに、崩れるように座り込んでしまった。

「ああ、今夜はこの野中で野宿せにゃならんのか。夜になったら、もっと寒くなって凍え死んでしまわぬか」

旅人は溜息をつき、情けなさそうに呟いた。

夕日はむこうの山に沈んで、あたりは急に暗くなってきた。旅人は寒さで、ぶるぶるからだをふるわせたが、その時、上手の方から人の声のようなものが聞こえてきた。

「このあたりに、家でもあるのか？」

不思議に思いながら旅人は立ちあがった。そして声が聞こえた方向にすすきをかき分けて進んでいくと、なんと一軒の大きな家が建っていた。

旅人は喜んで立派な門を入り、玄関に立って声をかけると、家のなかから中年の女性が出てきた。一夜の宿を乞うと、女は、

「よござい ますよ。どうぞ、こちらにお入りください」

といって、旅人を一番奥の部屋に案内し、すぐに去っていった。

ところが、その後はいくら待っても、誰もやってこない。部屋に一人残された旅人は、空腹にたまりかねて人を呼んだ。

すると、今度は別の女がやってきた。女に空腹なので何か食べものはないかと聞いてみると、女は、

「承知しました。用意しますから、その前にお風呂に入りませんか。湯殿は、あちらでございます」

と、長い廊下の突き当たりを指示して、去っていった。

旅人は喜んで、すぐ湯殿に行こうとしたが、また別の年とった女が部屋に入ってきた。そして顔を見合わせた時、女は驚いた表情をして、あたりをはばかるように、旅人に近寄って、親しそうな口ぶりで話しかけてきた。

「あなたは忘れておられるかも知れませんが、わたしはあなたのことを知っとります。いったい、どうしてこんなところへきなさったのですか」

旅人は怪訝《けげん》な顔をした。ついぞ見かけたことのないひとだが、町で出会ったことでもあっ

たのだろうかと思っていると、年とった女は、

「わたしは、あなたに五年前まで、たいへん可愛がってもらいました。いつも夕方、わたしが垣根をくぐってお宅へ行くと、あなたはわたしを膝にのせて、頭を撫でてくださった。わたしはあなたの家の隣りで飼われていた猫の三毛です。ここは、あなたのくるところではありません。とても恐ろしいところです。早く、お逃げなさい」

と、いうのだった。

「恐ろしいところって、どういうことだな」

旅人が言葉をつづけようとするのをさえぎって、隣りの家の猫だったという年とった女は、強い口調でいった。

「ここは、わたしたち猫の王様の館《やかた》です。年をとった猫たちが棲むところです。ここで食べものを食べたり、お風呂に入ったりすると、からだじゅうに猫の毛が生えてきます。おわかりになりましたか。さあ、早くここからお逃げなさい。可愛がってくれたやさしいあなたが猫になると思うと、つい黙っていられなくなって、わたしたちの秘密を話したのです。これが仲間たちに知れたら、わたしは殺されます」

旅人はすっかり驚いて、挨拶もそこそこに急いで猫の王様の館を抜け出した。ところがすぐに気づかれたとみえて、背後から猫が化けている女が三人ばかり、長い柄杓と湯桶を抱えて追いかけてきた。

旅人は重い足を引きずって、転げるように走り逃げた。そして坂道のところまできて、振り返ってみると、女たちは、なおも執拗に追いかけてくる。旅人は全身の力をふりしぼって

夢中で坂道を駆け降りたが、女たちは坂の上から長い柄杓で桶のなかの湯をかけてきた。

そのしぶきが飛んできて、旅人の耳とすねにかかったが、旅人は九死に一生を得て、どうにか人里へ逃げこんだ。

家に戻ってきてからしばらくすると、湯のしぶきがかかった耳の下と足のすねから猫の毛が生えだしていた。そして念のために、隣りの家へいって猫が姿を消した年を尋ねると、猫の王様の館にいたあの三毛の年とった女がいったとおり、五年前のことであったという話である。（前出未来社版『日本の民話』）

（メモ）阿蘇の周辺には、別の伝承がある。
毎年節分が近い夜になると、猫岳（根子岳）の麓では何十匹、何百匹と知れぬ猫の行列が見られるという。猫は年をとると、肥後だけでなく、九州、日本中の村や町からやってくる。この猫たちは猫岳にいる猫の頭領のもとに修業に行くという。（挨拶に行くとも、猫の頭領の招集に応じて会議をするともいうが、会議の内容については不詳）。頭領のもとで修業し、これでよいということになると、免許皆伝のしるしとして、耳たぶ、尻尾の先を二つにかじられる。こうした猫は化けることもできるようになり、帰ってからはその地域の猫の頭になれるという。

73　化け猫の宿（宮崎県）

むかし、ある年の暮れに宮崎の旅人がひとり、阿蘇の猫岳（根子岳）の麓を通りかかった。旅人は峠の中腹の森のなかにある立派な一軒の家を見つけて、一夜の宿を借りようとした。

「わしは旅のものじゃが、一晩宿を貸してくださらぬか」

旅人が家のなかから出てきた美しい娘にいうと、

「いいですよ。どうぞ、お泊まりください」

と娘は笑顔で、家のなかへ招き入れてくれた。

旅人は喜んで奥の部屋に案内されたが、大きな家に住んでいるのは、どうもこの美しい娘ともうひとり、白髪の老婆だけのようだった。

夕食がすむと、その老婆はどこかへ出かけていった。旅人は疲れていたので、出された布団に入ると、すぐにうとうとしはじめた。

すると隣りの部屋から、こっそり娘が入ってきた。そして枕元で、

「さっきはお婆さんがいましたので、なにもいえませんでしたが、あなたは早くここから逃げなさるがいい。いまこの家のお婆さんが、あなたを打ち殺すために、トゲのある木を捜しにいってます。ここは猫の大親分の家です。お婆さんは恐ろしい化け猫です」

と、いうのであった。

「猫の大親分ですと？」

旅の男が聞き返すと、娘は猫の大親分の話をした。

阿蘇のこの家に棲むのは、九州一帯の猫の大親分の化け猫で、あちこちの年老いた猫たちはこの大親分のところへやってきて、猫岳参りの印として大親分から耳を二つに嚙み切ってもらうというのだ。

話を終えると娘は、

「いまなら、まだ大丈夫です。帰ってきたら打ち殺されます」

と急《せ》かせるので、旅の男は戸惑いながら娘の親切さに感謝して身を整えた。

「わしを逃がして、あんたは困らないのか」

旅の男が尋ねると娘は、

「わたしは同じ猫の仲間です。麓の村で大親分につかまって、ここで女中にされているのです。わたしのことはかまわずに、早くお逃げなさい」

と旅の男を追い立てた。男は娘の姿をした猫に何度も礼をいうと、一目散に猫の宿から逃げ出したという話である。（同前）

74　老猫からの土産（山口県）

むかし、山口県周防大島に、女主人《おんなあるじ》の暮らしの世話をしている娘がいた。

家にはもう長いこと飼われている一匹の猫がいた。女主人は何かにことよせては、この猫を叩いたりしていじめていたが、使用人の娘は可愛がっていた。

ところがある時、この猫が急に姿を消してしまったのだ。娘は悲しがってあちこち歩きまわり、峠の麓の山道の近くまでいって捜していると、峠を降りてきた六部が、

「その猫は、九州のいなばの山の猫山におるだろう。そこへ行けばきっと会える」

と、教えてくれた。

喜んだ娘は、さっそく女主人に暇をもらって九州のいなばの山へ出かけていった。海を渡ってやっとその山にたどり着いたが、山のどこにいるのか、さっぱり見当がつかない。日も暮れ途方にくれていると、運よく農夫姿の老人が通りかかった。その老人に聞いてみると、もう少し山を登っていくと一軒の大きな家があるから、今夜はその家に泊めてもらって尋ねてみるがよいと、親切に教えてくれた。

しばらく山道を登っていくと、森のかげにぽつんと一軒、立派な家が建っていた。入口で娘が案内を乞うと、すぐに美しい女が出てきた。

娘が、

「可愛いわたしの猫をたずねてきたのですが、道がわからなくて困っているのです。一晩ここに泊めていただけませんか」

というと、女は親切に家のなかに招じ入れて、部屋に通してくれた。

しばらく待っていると、隣りの部屋で女の声がするので、聞くともなく聞いていると、

「あの娘っ子は、自分の猫をたずねてきたそうだから、嚙みついてはいけないということだ

よ」

などと、恐ろしいことを話していた。

するとと反対側の部屋の戸が開いて、老婆が入ってきた。

その老婆の顔を見たとたん、娘は思わず「あっ」と声をあげそうになって、あわてて口を押さえた。からだつきは老婆だが、その顔はなんと、自分が可愛がっていた猫だった。

驚く娘に、猫の老婆は静かにいった。

「こんなところまで、よく訪ねてきてくれたね。わたしは年をとって、もう里の家の勤めをすることができなくなったから、ここへきたんだよ。ここはね、年をとった日本じゅうの猫が集まってくるところで、ここへくるのは猫にとっての出世なんだから、悲しんだり心配することはないんだよ。ここは、人間のくるところではないし、ここにくる年をとった猫はあまり可愛がってもらえなかったからか、人間に咬みついたり、喰い殺したりするものがたくさんおるから、あんたは早く帰った方がいい。あんたに可愛がってもらったし、おいしいものもたくさん食べさせてもらったから、お礼にこれをあげよう」

猫の老婆はそういって、娘の手にずしりと重い紙包みをひとつわたした。

「家に帰るまで、決してなかを開けて見てはならないよ。途中であんたを狙うたくさんの猫に逢うかも知れないけれど、その時はこの紙包みを握って振りなさい。そうすると猫たちはすぐ道を開けてくれるから」

猫の老婆は朝を待たずに、すぐこの家から出ていくようにと、娘を案内して家の外へ出してくれた。

山道を下りはじめると、猫の老婆がいったように、鋭い目を光らせた猫たちがつぎつぎと現われた。そのたびにもらった白い紙包みを振ると、どういうわけか猫はのけぞるようにして、暗闇のなかへ姿を消していった。

家に帰った娘は女主人に旅の途中にあったことをすべて話した。そして土産にもらった紙包みを開けてみると、なかには犬の絵が描かれていて、その犬が本物の十両の小判をくわえていた。

それを見ると、女主人は羨ましがって、娘に、

「十両儲けるのは、容易ではない。それだけあれば、おまえは一生食べていける。わしはあの猫の主人《あるじ》だったのだから、わしが行ったらもっとたくさんの金をもらえるだろう」

といって、出かけていった。

九州のいなばの山に着くと、娘がいった通り、山のなかの森の蔭に立派な家が一軒建っていた。

女主人が一夜の宿を乞うと、なぜか奥から出てきた若い女が断わるので、

「ここに家から姿を消したわしの猫がおるので、会わせてくれろ」

と訴えると、やっと聞き入れられて、部屋に通してくれた。

その夜、女主人が寝ていると、なんとなく隣りの部屋が騒がしいので、そっと唐紙をあけて覗いてみると、何匹もの猫がいて話をしていた。さらに反対の部屋を覗くと、そこにも二匹の大きな猫がいて、ぎらぎら目を光らせていた。

女主人はすっかり恐ろしくなって身を縮ませたが、その時正面の戸がわずかに開いて、家で飼っていた猫が入ってきた。女主人はほっとして、

「ああ、おまえか。こんなところにおったら、どんなことになるかわからない。夜の山には悪い猫がたくさんおるというから、おまえが守っておくれ。さあ、一緒に帰ろう――」

そういって、猫を連れ帰ろうとした。

すると、猫はいきなり女主人に跳びついて、のど笛に喰らいついていったという話である。

（宮寺常「猫山の話」、「旅と伝説」昭和九年十二月号、昔話特集）

75 佐渡の猫山の頭《かしら》（新潟県）

むかし、佐渡国仲《くんなか》の畑野の村の若ものたちが、奥山へ遊びにいった。みんなで持ち寄った手料理やたべものを食べて、楽しく遊びほうけているうちに、すっかり日が暮れてしまった。

夜道は暗く、村まで帰ることもできなくなって、どこか泊まるところはないかと捜していると、むこうの森のかげに灯が見えた。

その灯をたよりに尋ねていくと、幸いなことに、それは一軒の宿屋の灯だった。

ところが宿屋は宿屋でも、芸者宿のようなところで、おしゃれをした若い芸者たちがたくさんいた。

一夜の宿を乞うと、心よく応じてくれて、

「さあ、さあ、二階へあがれ」

と、すぐに二階へ通された。そしてきれいな芸者衆たちが相手をして、ご馳走を振る舞ってくれた。食事が終わると、

「この食事の後片づけがすんだら、また二階へ呼びます。それまで階下でゆっくり寛《くつろ》いでいてください」

というので、若ものたちはぞろぞろ階段を降りて、階下の部屋へ移っていった。

すると傍の唐紙がすうっと開いて、若もののなかの一人である、世話役の庄屋の金左衛門《きんぜむ》の家の兄《あん》ちゃん（息子）が隣りの部屋へ呼ばれた。

薄暗い部屋へ入ったとたん、兄ちゃんは肝がつぶれるほどおどろいた。部屋のなかにいたのは、なんと頭に角でも生えているような、大きな恐ろしい化け猫だった。

「ここはな、おめえたちのくる山ではねえ。ここは、猫またのうちじゃ。後片づけがすんで二階に上がったら、階下から猫があがっていって、おめえらはみんな取って喰われるぞ。おれはな、おめえの家で長い間飼ってもらっていた猫だ。いまはこうして、猫またの一番の頭《かしら》になっているから、いうてきかせるんだが、いのちを落としてはならん……」

話を聞きながら、金左衛門の家の兄ちゃんは、長い間家で飼っていた猫が何年か前に黙って家を出ていったことを思いだした。あのいなくなった猫が山へ入って、猫またの頭になっていたとは——。

「早く、みなを連れて家へ戻るようにしろ。この部屋のうしろに長い穴がある。明るく見える方へ行っては駄目だ。穴へ潜り込んだら、なんでも暗い方へ、暗い方へと行くんじゃ。

おれはお前のところにいた時は悪さばかりしておったが、長いこと飼ってもらった恩返しに、お前たちの命を助けるのさ。さあ、油断をしてると喰われてしまうぞ。早くみんなを連れて逃げえ」

金左衛門の兄ちゃんは仲間たちを呼びつけると部屋を出て、まっ暗な穴のなかへ潜り込んでいった。そして教えられたとおり手探りをしながら、何も見えないまっ暗な穴のなかを進んでいった。

やがて穴から出ると、夜が明けはじめていた。

目の前には道はなく、大水が出た時のような川幅の広がった川が流れていた。畑野村の若ものたちは向こう岸へ渡ろうと、つぎつぎと川のなかへ入っていった。

川を半分ほど渡ったところで振り返ると、川辺には猫の顔をしたあの芸者たちが、にゃぐ、にゃぐ、にゃぐにゃぐにゃぐとたくさん集まってきて、声をあげていた。

「あぇー、口惜しい。いい肴《さかな》を逃がした。せつねえことをしたよ――」

そんなことをいいながら、猫の顔の芸者たちはにゃぐ、にゃぐにゃぐと川辺を行ったり来たりしてくやしがっていた。

無事に川を渡りきった畑野村の若ものたちは、こうして金左衛門の兄ちゃんの家で長年飼われていた猫の恩返しで、命を救われたという話である。（丸山久子編『佐渡国仲の昔話』）

76 爺さまと愛猫みけ（岐阜県）

むかし、岐阜県大野のある村に、爺さまと婆さまが一匹の牝の三毛猫と暮らしていた。

爺さまは長いこと飼っているこの猫のみけを大事に可愛がっていたが、婆さまは猫があまり好きではないらしく、いつも足蹴《あしげ》にしたりしていじめていて、とうとうみけは片方の目がつぶれてしまった。

爺さまは不憫に思って介抱していたが、どうにもならず、そのうちにみけは家を出て、どこかへ行ってしまった。

可愛がっていた猫がいなくなったので、爺さまは淋しくてならなかった。

「わしがちょいと目を離したばかりに、みけは目をつぶしてしもたんじゃ。可哀想なことをした。みけはいったい、どこへ行ったんじゃろう」

そう思いながら、毎日のように捜しまわったが、姿を消した猫はいっこうに見つからなかった。

ある日のこと、爺さまは夢中で猫を捜し歩いているうちに山の奥まで入りこんでしまい、気がついた時には、日はすでに暮れかかっていた。

「今日は、ここらであきらめて帰ろう。可哀想じゃが、我慢しろよ、みけ。明日またきて、きっと見つけだしてやるからのう」

爺さまはそう呟きながら、ふと目をあげて暗くなりかけたあたりを見まわすと、むこうにぼんやり灯が見えた。

「はて。このあたりの山は薪や茸を採りにきて、よく知っておるところじゃが、あんなところに家などあったかいな」

爺さまはひと休みさせてもらうつもりで、その家にむかった。

家にはどんな人が住んでいるのかわからない。けれども爺さまは疲れ、空腹でもあったので、今夜一晩その家に泊めてもらおうと思った。そして家の前に立って案内を乞うと、娘が顔を出した。

「お頼み申しやす。わしゃ、この下の里のもんじゃが、飼っておった猫がいなくなってしもうてな。捜しにきたんじゃが、暗くなってしもうた。ひと晩泊めてはもらえんじゃろうかのう」

というと、娘は気味の悪い表情をして「にたり」と笑って、

「おまえさんも、喰い殺されにきたんかね」

と、恐ろしいことをいって、奥へ消えていった。

爺さまはびっくりして、からだが固まってしまい、動けなくなってしまった。

戸口にただ突っ立っていると、脇の部屋の襖が開いて、なんと捜し求めていたあの可愛い猫のみけが、顔を出した。——いや。なんといったらいいのか、片方の目はつぶれていて、顔はたしかにみけなのだが、からだは人間の女なのだ。そしてにっこり微笑し、

「じっさまとは知らず、失礼なふるまいお許しください。お声を聞いていて、もしやと思い

ましたが、ほんによく訪ねてきてくださいました」

といいながら、みけの女は話をつづけた。

「わたしも、もう少し注意をしていればよかったのですが、婆さまにすりこぎ棒で叩かれた時によけることができず、目をやられてしまいました。片目になってしまっては、里で生きるには不便なことですし、わたしももう年ですから、ここへきたのです。ここにくるのは、里の猫にとっては出世なのです。

けれども、ここはじっさまのくるところではありません。すぐにお帰りになってください。ここは猫また屋敷というところです。年をとった猫たちが訪ねてくる人間を化《ばか》して喰い殺します。

じっさまはわたしを長いこと可愛がってくださったので、お礼にこれを差しあげましょう。家に帰るまでは、決して開いてなかを見てはなりません。途中でたくさんの年とって化け猫になった猫たちが襲ってくるでしょうから、そしたらこれを振りかざしてください。猫たちは道をあけます。さあ、早くお逃げください」

みけの女はそういって、爺さまに白い紙包みを手わたした。

爺さまはいわれるままに白い紙包みを受けとると、家から飛び出した。真っ暗闇の山のなかの道を足早やに歩いていくと、あたり一面に猫たちの目が光っていた。

爺さまは白い紙包みを振りかざしながら歩いていった。すると化け猫の目玉たちは横にさっと動いて、道をあけてくれた。

爺さまはやっとのことで山を降り、麓の里の家に戻ってきた。そしてみけからもらった白

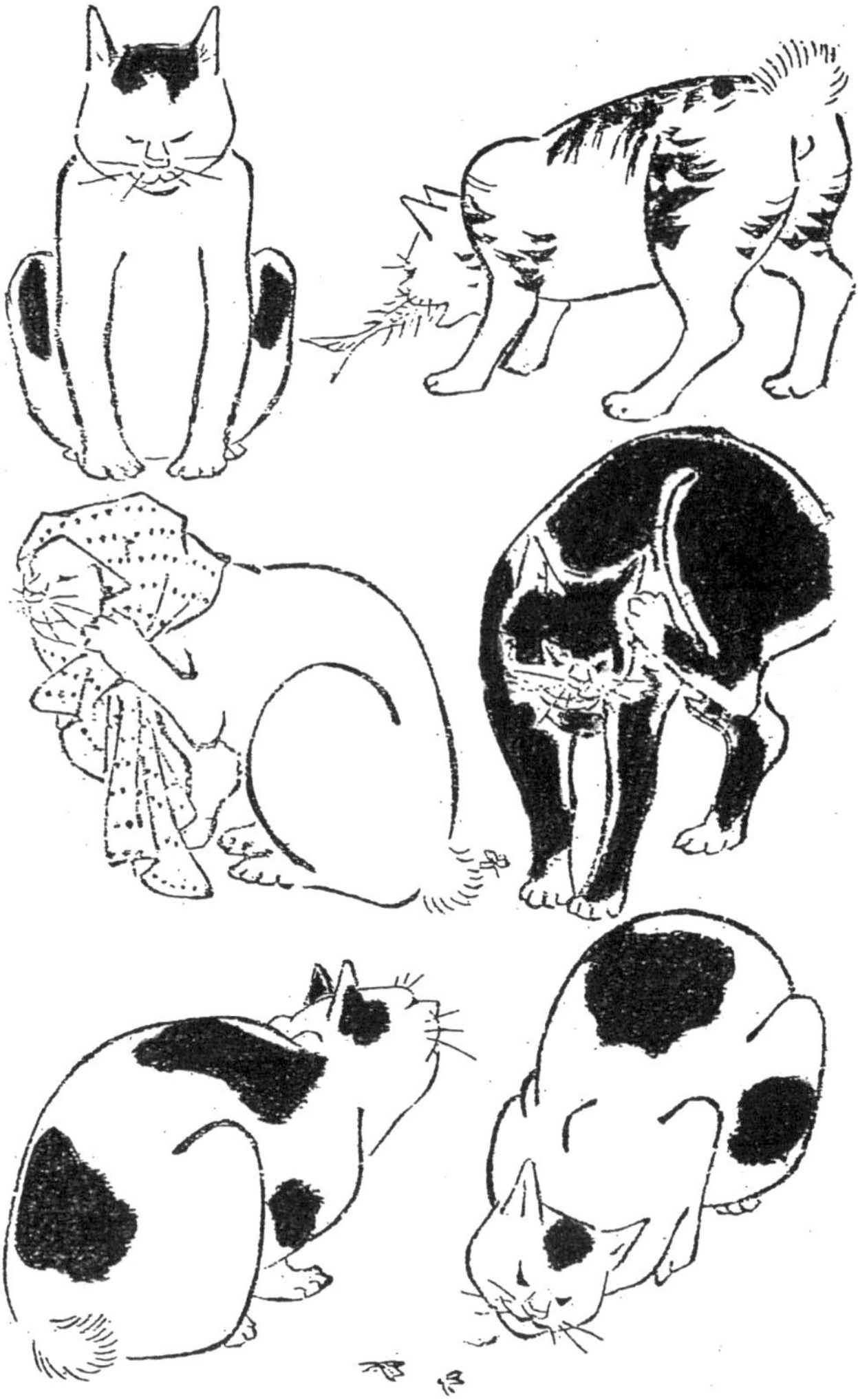

い紙包みを開けてみると、驚いたことに、なかに小判が十枚も入っていた。紙包みには、口を開けていまにも跳びかかって咬みつこうと獲物を狙った犬の絵が描かれていた。

これを見た婆さまも小判が欲しくなり、自分がみけにした仕打ちも忘れてしまって、みけのいる山奥の猫また屋敷を訪ねていった。そして応対に出てきた娘に訪ねてきたわけを話そうとしたが、娘は婆さまの話を聞こうともせず、家の奥へ立ち去ろうとした。婆さまは、あわてて娘を引き止めようと声をあげると、脇の部屋の襖が開いて、なかから片方の目がつぶれた一匹の三毛猫が飛び出してきた。そしていきなり婆さまの咽元に咬みついた。婆さまは「ぎゃあ――」と一声あげたきり、その場に倒れて起きあがることはできなかったという話である。（前出『日本昔話通観』）

77 裏の猫また屋敷（広島県）

むかし、呉（広島県）の近くにある村に、末造という大酒飲みが住んでいた。末造は酒癖が悪いので、近所のものたちは誰も相手にしなかった。嫁さんにくるものもいなかった。淋しさをまぎらわせるためではないだろうが、一匹の野良猫を拾ってきて飼っていた。ところが猫はただ家に置いているというだけで、面倒はみない。食べるものもほとんど与えることはなかった。

末造の仕事熱心さは誰もが認めるところだった。どんな仕事でも真面目につとめていたが、一日の仕事が終わって好きな酒を買って帰ってくると、まるで水でも飲むように酒をあおり、そのまま寝込んでしまうのだった。

ある日のこと、末造は仕事からの帰りにいつものように酒を買い、徳利をぶら下げて帰ってくる途中、腹痛を起こし、脂汗を流しながらやっと家に帰り着いた。

それでも酒を飲むことはやめられなかったが、徳利の半分ほど飲んだところで、ぐったりして寝込んでしまった。

次の日の朝になって目の前に置いてある徳利をのぞくと、なかは空っぽだった。

腹痛は収まっていたので、末造は仕事に出かけていった。そしてこの日もいつものように酒を買い、家に帰って飲みだすと、また腹が痛みだした。末造は半分くらい酒を残して寝てしまったが、昨晩と同じように翌朝徳利には一滴の酒も残っていなかった。

「おかしいな、酒がなくなっているとは。おらが眠っておる時に、だれかやってきて飲むのではあるまいな」

末造は不思議に思い、その夜は一滴の酒も飲まずに、徳利を枕元に置いて早くから布団に入って眠ったふりをしていた。

すると夜更けに、こっそり部屋に入ってきたのは飼っている猫で、末造の顔を覗きこんで眠っていることを確かめると、枕元にある徳利から酒を流し、ぴちゃぴちゃ音をさせながら舐めだしたのだ。

末造は、驚いた。

「むかしから猫は化けるとか聞いてはおったが……」

末造はからだをこわばらせて、薄目をあけて黙って見ていた。

だんだん酔いがまわってくると、猫は若い女に身を変えていった。そして枕元に座ると、

「末造さん、末造さん……」

と呼び起こすので、末造は恐ろしさをこらえながらがばっと起きあがると、枕元にあるきせるをつかみ、思いきり猫が化けた女に投げつけた。

女は悲鳴をあげて飛びあがると、襖をぶち破って逃げていった。末造は化け猫のあとを追って外へ出たが、猫はもう闇のなかに姿を消していた。

それから一と月あまり過ぎたある日のこと、まったく思いもよらない話が、末造のところへ転がりこんできた。末造に嫁の世話をしたいという男が隣り村からやってきたのだ。なんでも末造の働きぶりを見て、是非自分の娘を嫁に出したいというものがいるというのだ。むろん末造に断わる理由はなかったので、二つ返事で承諾した。

やがて末造の家にやってきた女を見て、末造は仰天した。頬に大きな傷跡があり、娘の着ている着物はあの時家にいた猫が娘に化けた時に着ていたものと同じなのだ。それを見た末造は急に恐ろしくなって家から飛び出し、それっきりどこへ姿をくらましたのか、二度と家には戻ってこなかった。

その後、末造の家は空家になったままだったが、十年あまりたってから頬に傷跡のある女が十数匹の猫を飼いながら、ひっそりと暮らしはじめたので、誰いうとなくその家を「裏の猫また屋敷」と呼ぶようになった。

「猫が酒や油を舐めだすと化けるようになる。だから猫には三度三度十分に飯をやらなけれ

ばいけない」という話である。（前出未来社版『日本の民話』）

（メモ）猫の飼い方を伝授する老婆の話が大阪の北河内地方に伝わっている。愛猫家のこの老婆は、猫の首に赤い首輪をつけて、いつも膝の上にのせて可愛がっていたが、「猫を飼う時には三年の年を切り、その三年があけるとまた三年とて、九ヶ年飼い、年があけると赤飯を焚いてやる。すると赤飯を食べた猫はどこかへ出ていく」、「年を切らずに長いこと飼っていると、尾の先が分かれ、猫またや化け猫になる」と言っている。

78 猫ヶ島へいった男の話（鹿児島県）

むかし、種子島に暮らす猫好きの漁師の家に、もう長いこと一匹の牡の三毛猫が飼われていた。

ある時、この猫が家を出たまま、姿を消してしまった。漁師は悲しんで、毎日猫のことばかり考えていた。海に出ていても猫のことが頭から離れないので、釣果《ちょうか》もさっぱりだった。

ある日のこと、今日こそは猫のことなど忘れて漁に打ちこもうと夕方近くまで頑張っていたが、急に海が時化《しけ》だしてきて、ものすごい嵐になってしまった。

大きな波が容赦なく、がぶり込んでくる。舟は何度も激しく左右に揺れて、そのたびに漁師は倒され、立っていることも、動くこともできなくなった。いつの間にか櫓も流されてしまって、どうすることもできない。舟のなかにかがみこんでいるうちに、疲れが出て眠ってしまったのか、気がついた時は、頭の上から強い日射しが照りつけていた。

漁師は、まったく知らない砂浜にうちあげられていたのだ。

とにかく空腹だったので、周囲を歩きまわって食べ物を探したが、なにも見つからなかった。

そこで藪を分けて奥の方へいってみると、一本の川が流れていた。漁師は川のむこうにいけば、なにか口にいれるものが得られるかも知れないと思った。そして力をふりしぼって川を泳ぎ、むこう岸に渡ってひと休みしていると、ひとりの中年の女がやってきて、いきなりまくしたてるような早口で、

「早よ、戻れ。早よ、戻れ。とって喰われてしまうぞ」

と、いうのだった。

何事かと戸惑っていると、女はひと息ついて、今度はゆっくりした口調で喋りだした。

「わたしは、あんたが可愛がってくれた三毛です。一週間ばかり前に、ここへきたんです。ここは猫ヶ島という島で、年とった猫がやってきて、修業して人間の姿になるところです」

と。

「おら、なんでこんなところへ、流れついたんだろう」

漁師が口をはさむと、三毛だという女は、

「それは、わたしが家を出た後、あなたがあまりにもわたしのことを考えつづけていたので、ここへ流れついたのでしょう。もうすぐこの川へ、たくさんのものたちが洗濯にきます。わ

たしのように人間の姿をしていますが、みんなここで修業している猫です。ここへきた人間は、みんな喰われてしまう。早よ、むこうへ戻りなされ」

三毛の女が激しく追いたてるようにいうので、漁師は、

「おら、腹がすいて、すいて……」

といいかけると、むこうから猫の顔をしたたくさんの女たちが、

「人間じゃ。とって喰ってやれ――」

と騒ぎたてながら、走ってきた。

漁師はあわてて川へ飛びこむと、後から石のような礫《つぶて》がたくさん飛んできて、そのうちの一つが肩に当たった。火傷するような熱さだったので手にとってみると、それは三毛が投げてくれた熱いにぎりたての飯だった。

漁師はやっと川を渡りきって、ふらふらしながら元の砂浜まで戻ってきた。そして舟に乗りこんで、やっとのことで自分の家のある浜へ帰ってきた。

熱いにぎり飯が当たった肩の痛みは、なかなか癒えなかったが、どういうわけかそこから猫の毛が生えてきて、切っても抜いても、すぐにまた生えてきたという話である。（前出未来社版『日本の民話』）

（メモ）この話は本土に伝わる山中にあるという「猫また屋敷」のいわば島嶼版で、話の展開もほとんど変わらない。「猫ヶ島」の話は、沖縄本島具志川にも伝わっていて、長く飼っていた猫に「好きなところにいけ」というと、猫は「年をとった猫が集まる猫の島へいく」

といって家を出ていく。後年、飼主の男が流刑になり、島へ渡ると、この猫に出会う。猫は、「ここは動物だけがいる島だから」といって元の飼い主の男を別の島へ渡らせていのちを救い、男は年期をあけて無事に家に戻ってくる。

また、本書の「はじめに」参照。

十九　猫またの話

79 土佐・荒倉山の怪猫譚（高知県）

元禄年間（一六八八年～一七〇四年）の話である。

吾川《あがわ》の弘岡村に住む源之丞は、荒倉山の麓に新田を拓いて晩稲の植えつけをしていた。荒倉山は、藩主の狩猟場であったが、猪鹿の類が繁殖して田畑の作物を荒らすので、源之丞たちは番小屋をつくって宿泊し、夜になると集まって獣たちを駆逐していた。

ある夜のこと、源之丞も番小屋につめていたが、折から大雨が降りだして、屋根からの雨漏りがはげしくなってきた。明かりとりのため燃やしている藁束の火も消えてしまったので、火燧《ひうち》で火をおこそうとすると、突然烈しい大風が吹いてきて、小屋の戸口に八尺余りもある真黒なもののけが、異様な眼光を放って立っていた。

もののけは小屋の屋根に片手をかけると、ばりばりと屋根板を剥がして、西の谷川へ投げ捨てた。

源之丞は、黙ってはいなかった。少しは腕に自信があるので、腰に帯びた国益に手をかけると、抜手も見せずに、もののけの下腹あたりを突きとおした。もののけは突かれてうめき声をあげたが、源之丞の上帯をつかみあげると、七間ほども離れた谷川に投げこんだ。源之丞は大雨で増水した流れに一丁ほども押し流されていったが、岸辺の草蔓に取りつくことができ、幸い怪我もせずに命拾いをしたのだった。

一方腹を刺されたもののけは、悲鳴をあげながら荒倉山の奥へ逃げていった。

後日、源之丞の仲間たちが山に登ったところ、荒倉山の頂上近くに一匹の猫が腹に傷を負って倒れ、死んでいた。それは一丈近くもあろうかと思えるほどの大猫で、荒倉山に棲むこの猫がもののけに化けて、源之丞を襲ったことがわかったという話である。（寺石正路『土佐風俗と伝説』）

（メモ）「猫又」「猫股」「猫また」などの表記があるが、本書では「猫また」に統一した。
猫またがはじめて登場するのは、『明月記』の天福元年（一二三三年）八月二日の条で、「南都（奈良）に猫股という獣が出没して一夜に七、八人を食らい、死するもの多し」という使いの小童の話が載っている。さらに同書には「目猫ノ如ク、其ノ体犬ノ長ノ如シ」と伝えている。

江戸時代の『安斎随筆』（伊勢貞丈）には、「数年の老猫、形、大になり、尾二股になりて、妖怪をなす。これをねこまたという」とある。「猫また」は、年を経た猫が人間やもののけに化けたり、人を喰い殺したり、葬儀を襲って遺体を盗む火車になったりするという多くの妖怪猫譚が巷間に生まれ、語られるようになったものである。

80 白姥ヶ岳の怪猫（高知県）

宝暦年間（一七五一年〜一七六四年）の話である。

長岡の本山郷のある村に、白姥《しらんば》ヶ岳の幽谷でぬだ待ちで暮らしをたてている男がいた。ぬだ待ちというのは、猪など獣がくるのを待ち伏せして銃で射止める猟法で、行きなれた場所に樹木や木の葉で蓋《おお》ったとやを構え、次の日の朝まで深山で一夜を明かすので、握り飯や茶瓶などを携えていかねばならない。

ある夜、その男がいつものようにぬだ待ちをしていて、夕食の握り飯を喰おうとすると、年の頃十五、六の愛らしい娘がとやへ現われて、

「叔父さん、かわったところにおりますね」

と話しかけるのだった。

男がびっくりして顔をあげると、娘は隣り村に住む姪のおろくであった。

とっさに、こんな夜更けに姪子《めいご》がひとりで人里離れた山奥へくるはずがない、これはきっと曲者に違いないと、山刀を手にしようとしたが、容姿といい可愛らしい声といい、まったく姪のおろくである。男は心を落ち着かせ、おろくにいま頃何用があってこんなところへきたのかと尋ねた。

おろくはいつもと変わらぬ笑顔を見せてから、真剣な顔つきで驚くべきことをいいだした

のだった。

「ここは白姥ヶ岳という恐ろしい山のなかです。いかに世渡りの業とはいえ、罪もない生き物を射ち殺すのは、情けないことです。なにとぞ殺生をやめて、ほかの仕事に代わられるよう、お諫《いさ》め申したくて参りました」

おろくはそういって、深々と頭を下げた。姪っ子があまりにも真面目なことをいいだしたので男は少し戸惑ったが、すぐに真顔になっていった。

「わしは生来猟師の身であるから、殺生はいたしかたない。それにしても夜中に娘がひとりで、このようなところまでくるとは、大胆きわまりないことだ。だが、すぐに戻れとはいわない。もはや夜中を過ぎ、暁まで間はないから、夜が明けたらすぐに村へ戻れ。それまでおまえはここで眠っていけ」

男はそういって姪をとやのなかで休ませた。そして見守りながら、とやの周囲に気を配っていると、不思議なことが起こりだした。

夜半を過ぎて夜明けが近づくと、姪っ子の相貌が次第に変わりはじめたのだ。口が広がって耳元まで裂けると、からだものびだして七尺余りになり、異様な光を放つ大きな目玉を見開いて、男をにらみつけてきた。男はびっくりして、

「この化けものめが。正体を現わしたな！」

と山刀で脇下を刺し通すと、姪っ子のおろくは大猫となって悲鳴をあげながら山奥へ逃げていった。

白姥ヶ岳には古くから化け猫の猫またが何匹か棲みついているから、男が出会ったのはそ

のなかの一匹だろうという話である。（同前）

81 猫ヶ岳の妖猫（高知県）

香美の奥西に古木の老松が生い茂る猫ヶ岳という、断崖が削立する険しい山がある。この山にむかしから猫の王といわれる子馬ほどの大猫が棲みついていて、たくさんの子分の猫を従えていたという。

明和九年（一七七二年）のこと、与三右衛門という若者がこの山の崖の下を通った時、ふと仰ぎみると崖の上の岩角の上に梟《ふくろう》が一羽とまっていた。与三右衛門は狩猟好きで、いつも猟銃を肩に担いでいるので、これ幸いとばかりに狙いを定めて引金を引くと、弾はみごとに命中して獲物が落ちてきた。

与三右衛門がすぐに拾いにいくと、射ったのは梟ではなく草を束ねたものだった。合点がいかぬと崖の上を見あげると、梟は傍らの木の枝にとまっていた。与三右衛門はその梟に狙いをつけて更に一発放つと、弾はまたみごとに命中したので拾いにいくと、今度は鞠のような木片であった。

「おかしなことじゃ。これはいったい何事じゃな」

与三右衛門は不審に思い、こんなところに長居は無用とばかりに来た道を引き返して崖の上を見上げると、梟は依然としてもとの岩角の上にとまっていた。

与三右衛門が村に帰って、猟師の古老にこの話をすると、古老は、

「あの山はな、むかしから猫の王様の猫またが支配しておる山じゃ。手下の若い猫どもが猫またになるため、化ける修行でもしておったんじゃろう」

と、いったという話である。（同前）

82 仏飯を食べる猫の話（香川県）

むかし、讃岐のある里に、「猫は、大きな声で吠える犬よりおとなしいし、可愛いものじゃ」といって、猫を飼っている家があった。

ある時この家で、奥の座敷の仏壇に供えている仏飯がなくなるので不思議に思っていると、家の猫が障子をこっそりあけて奥の座敷へ入り、仏壇の扉を開いて食べていることがわかった。

家の主人《あるじ》は若い頃、村の老人から、

「猫はな、仏のご飯を食べるようになると、猫の修行が終わった証拠で、踊るようになる」

と聞いたことを思い出して、それとなく様子をうかがっていると、ある夜、仏飯を喰い終えた猫がうちわを持ちだして座敷で踊りはじめるのを見て、「なるほどあの老人がいったことは本当だった」と合点した。そして猫の踊りとは珍しいので、日頃親しくしている近所の人たちにも見せてやろうと思った。

招かれた人たちは、半信半疑でその家にやってきた。そして隣りの部屋からこっそりうかがっていると、仏飯を盗み喰いした猫が、本当にうちわを持って踊りだしたのだ。

「あの猫は、猫またになったんだ。猫またになったら化けることができるというから、気をつけたほうがいい」

一人がそんなことをいうと、ほかのものたちもうなずいて帰っていった。

家の主人は当惑した。これから先、飼っている猫が近所のものたちから化け猫呼ばわりされていじめられても可哀想だし、飼主としても困ると思った主人は、猫に懇々と言い聞かせて、家から出ていってもらうことにした。そして好物のお揚げと赤飯を炊いて、猫の首にぶら下げてやった。

すると猫は涙をぽたぽた落としながら、家から出ていったという話である。（臼田甚五郎ほか『東讃岐昔話集』）

83 通夜の怪事（千葉県）

むかし、千葉県松戸の近くの村に、ひとりの老女が住んでいた。老女は若い頃からずっと独り暮らしだったが、ある年の夏、急に亡くなったので、近所のものたちは困ってしまった。

村には縁者はなかった。だが、老女の故郷《ふるさと》木更津に従姉妹《いとこ》がいることがわかったので、若者たちに頼んで老女の死を報せにいくことにした。

縁者のものがやってくるまで、老女の遺体は近所のものたちが見守ることになったが、老女の家は狭く、その上暑いので、夜になると、みな庭先へ出て涼みながら見守っていた。

するとくさむらのなかから大きな三毛猫が現われたのを、酔狂な男が捕まえて、退屈まぎれに、

「世間では死人のそばへ猫を置くと、死んだ人はたちまち生き返るというが、嘘か真かたしかめてみるべえか」

というと、不謹慎な連中が、

「そりゃ面白い。やってみんべえ」

と賛同したので、男は猫が出られないように老女の遺体のまわりを屏風で囲んで、放ってやった。

しばらくすると、屏風のなかから物音がするので男たちが屏風を取りはらうと、なんと、死んだはずの老女がすっくと立ちあがっていたのだ。

猫の姿はなかった。老女の白髪は白銀の針を立てたように、まっすぐ逆立っていた。にらみつける眼光は恐ろしく、つまらぬことを言いだした男は顔色を変え、声も出せずにふるえて、卒倒してしまった。

立ちあがった老女に猫がのり移ったのか、老女はゆっくり歩きながら、いや静かに動きながら、庭へ降り、門の方へすうっと出ていった。

しめやかな通夜の晩が、一瞬にして大変な騒ぎになってしまった。話を聞いて近所のものたちが化け猫を打ち殺そうと、手に手に鋤や鍬、棒切れなどを持って駆けつけてきたが、ど

うしたらいいのかわからず右往左往するばかり。老女はふわりと舞い上がるように垣根を飛び越えると、暗闇のなかへ消えていった。

この騒ぎにとんできた庄屋は、猫またが死者を奪う火車《かしゃ》になって老女の遺体を奪ったのだろうといったが、その遺体はどこへいったのだろう。

次の日も朝から懸命になって老女の遺体を捜したが見つからなかった。次の日も、手掛かりはなにもなかった。三日目の夕方になって、やっと野辺のくさむらの中で老女の遺体を見つけた。人びとは老女を家に運んで、ようやくのこと無事葬儀をおこなったという話である。

（物集高見『広文庫』）

（メモ）「死者のいる部屋へは絶対猫を近づけてはならない」という俗信は古くからほとんど全国的にある。それは「猫は死人の体のなかへ自分の魂をいれる」からだとか、「猫の魂が死人について動きだす」、「猫の意志によって死体が動きだす」からだという。こうした禁忌の習俗、葬送の習俗、俗信がこの話のモチーフとなっている。

84　黒い猫またの執念（福島県）

福島県の猫魔ヶ岳の東につらなる磐梯山の温泉宿に、ひとりの侍が奥方をつれてやってきた。侍は奥方を宿に残して、自分は好きな魚釣りをするため山奥の沼へ出かけていった。

その日は沼のほとりの釣り小屋に泊まって、何尾か釣った魚を焚火で焼いていると、小屋のかげから侍の乳母がのぞいていた。

「なんだ、そこにおったのか。ここへきて、おまえも一緒に喰え」

侍がそういうと、乳母は串焼きの魚をうまそうに食べたが、侍は乳母の動作や表情から、すでに魔性のものと見破っていた。そして隙を狙って一太刀浴びせると、乳母の姿は消え失せた。乳母は焼魚の匂いに惹かれてやってきた、大きな牝の猫だった。

翌朝、侍が宿に戻る途中、宿から男が走ってきて、昨夜から奥方の姿が見えないので、いま村のものたちにも頼んであちこち捜しているところだと聞かされた。

侍は驚いた。急いで宿に戻ったが、じっとしてはいられない。自分も捜索に加わるつもりで、宿にきていた樵風《きこり》の男と一緒に出かけようとした時だった。奥方の死体が、山の林の木に引っかかっているのを見つけたと知らせがあった。

林のなかへ入っていくと、突然おかしなことが起こった。

宿にきていた樵風の男が急に走りだしたかと思うと、大きな黒猫になって木によじ登ったのだ。黒猫は奥方の死体をくわえると、まるで宙を飛ぶように木々を渡っていったが、途中で死体を落としてしまい、そのまま林の奥へ逃げ去っていった。

これらのできごとは猫またの仕業だった。猫または翌日、洞穴のなかに潜んでいるところを、村のものたちに発見されて退治された。黒い猫または、山奥の沼のほとりで侍に切り殺された猫またの夫であった。妻の仕返しに侍の奥方を殺害し、更に樵の姿をして侍までもつけ狙っていたのだ。

黒猫の牡の猫またの執念深さはほかの猫またとは比べものにならないほどだという話である。（山下昌也『おもしろ妖怪列伝』）

85 武蔵の猫また退治（新潟県）

旅での修行をつづけていた剣豪宮本武蔵は、ある時、越後（新潟県）から上野国《こうずけのくに》（群馬県）へむかおうとして、国境いの峠近くの村里までやってきた。

日暮れが近くなったので、峠の麓にある茶屋で酒を飲みながら一服していると、茶屋の老婆が、

「これから、峠を越えなさるのか」

と聞くので肯くと、老婆は言下に、それはおやめになった方がいいというのだった。なんでも五、六年前から山には化け猫の猫またが棲みつくようになって、夜峠を越えようとする旅人を襲うというのだ。

武蔵はそれを聞いて、ふらりと茶屋を後にした。

空を見上げると、暗雲が出ていた。武蔵は日のあるうちに峠の頂まで行きたいと思って山道を登りだしたが、途中で周囲が暗くなり、足元もおぼつかなくなってきたので、傍らにある二本松の根元で一夜を過ごすことにした。

眠りについてしばらくすると、あたりに異様な気配を感じて武蔵は目を開けた。

闇のなかの、むこうの松の木の高みから、二つの目玉が光っていた。武蔵はあれが茶屋の老婆がいった化け猫の猫またであろうと察しをつける間もなく、二つの目玉はいきなり武蔵にむかって飛びかかってきた。

武蔵は軽く身をかわしながら、一太刀あびせると、相手は悲鳴をあげて逃げ去っていった。

朝になると、峠の道に血の跡がついていた。

それをたどりながら、昨日登ってきた山道を降りていくと、一軒の大きな家の前に出た。近所のものたちが集まって話をしているのを聞くと、「大家の婆様が、昨日門のところで転んで大怪我をして臥《ふ》せっている」というので、武蔵は旅の途上の医者を装って大家の門に入っていった。

老婆が寝ている奥の部屋に通されると、老婆は布団に潜りこんで呻き声をあげていた。武蔵は治療に見せかけて思いきり布団を剝ぎとると、いきなり老婆を刺し殺してしまった。

家のものたちは驚いた。大騒ぎになって武蔵を詰《なじ》り、喰ってかかるものもいたが、武蔵は平然として、

「いまにわかろう」

と一言いうと、老婆の死体を陽の射している廊下へ引きずっていって陽に晒した。すると老婆のからだはゆっくりと変わりはじめて、四時間後には大きな猫の姿になっていた。

大家の家の老婆は、数年も前に猫またに喰い殺されていたのである。その猫またが老婆になり代わって、いままで家のものたちを欺きとおしていたのだった。そして夜になると、ひそかに峠へ出ていって旅人を襲っていたことがわかった。

武蔵は家のものたちに感謝され、礼を受けてまた旅をつづけ、国境いの峠を越えて上野国へむかったという話である。(前出『日本昔話通観』)

二十　猫の復讐

86 子猫たちの復讐（愛知県）

明和年間（一七六四年〜一七七二年）のこと、愛知県三河のある町に、一刀流の剣術師がいた。

この剣術師の屋敷の庭には、三抱えもある大きな樅《もみ》の木があった。枝葉が生い茂って、昼間でも家のなかが暗いので、ある時、その大木を伐り倒すことにした。

剛強で知られた剣術師は樵《きこり》に頼まずに、自分で切り倒すことにして太刀を持ちだした。そして庭に出ると、掛け声もろとも太刀を振り下ろした。

すると太刀が入った木の切り口から三匹の子猫が顔を出したのだ。剣術師は驚きもせず、三匹の子猫をわしづかみにすると、風呂敷に入れて近くの川にいき、子猫たちを川へ投げすてて家に帰ってきた。

おかしなことが起こりだしたのは、その日の夜からだった。

夜更けに屋敷に礫《つぶて》が飛んできて、屋根瓦の上をがらがら転がる音がうるさくて、家のものたちは眠りをさまたげられた。だが、それは一夜だけではなかった。次の夜も、また次の夜もつづき、ついには昼夜を分たず、拳ほどの大石まで飛んでくる。石は庇の軒端へも当たるので、家のものたちは危なくて外へも出られない。家のなかでじっとしているほかなかった。主人《あるじ》の剣術師は、そんななかでも平然を装って日を送っていたが、我慢も限度にきていたようだった。主人は屋敷を棄て、一家で他所《ほか》へ移っていった。その後屋敷は空屋敷となって、いつか朽ち果てていったという話である。なぜ樅の大木のなかに子猫たちがいたのかは不詳である。（最中三成『其昔話』）

87 愛児を狙った猫（三重県）

むかし、三重県名張の町の近くの村に、助三郎という男がいて、一匹の猫を飼っていた。ある時、女房と生まれてまだ一年も経っていない息子を連れて町まで出かけ、用事を終えて戻ってくると、なにやら家のなかが騒々しかった。助三郎が障子の隙間から覗いてみると、数匹の猫が留守の間に家にあがりこんでいて、鉢巻きをしながら踊っているのだった。助三郎は腹をたて、家のなかへ駆けこむと、部屋の隅に用心のために置いてある木刀を手にして、猫を追い払った。猫たちは悲鳴をあげて縁の下へ逃げこんでいった。飼っていた猫も、その時からどこかへ姿を消してしまったが、数日後の夜更け、おかしなことが起こった。

助三郎と女房と赤児が眠っていると、見知らぬ若い女がこっそり寝床の蚊帳をまくって入ってきて、助三郎と女房の間で眠っている愛児を抱いて、連れ去ろうとしたのである。

助三郎はすぐに気づいて、背後から女に飛びかかって組み伏せ、わが子を取り戻した。

女房は蚊帳の隅でふるえていた。助三郎は息子を女房にまかせると、怪しい女を後ろ手に縛りあげ、朝まで逃げられないように庭に置いてある梯子に厳重にくくりつけておいた。

ところが、夜が明けると女の姿はなかった。そしてどういうことか、梯子の脇に猫の毛のついた泥だらけの助三郎の着物が落ちていたという話である。（前出『日本昔話通観』）

88　三匹の怪猫（徳島県）

いまでは廃寺となって名前しか残っていない徳島県の中蓮寺は、むかしは立派な七堂伽藍のある大きな寺だった。

いつの頃のことか、夜遅く中蓮寺の住職が外出先から戻って自分の部屋に入ろうとすると、障子に三人の小坊主が酒盛りをしている姿が映っていた。

「はて。わしの寺には小坊主はひとりもおらんはずだが……」

住職が驚いて目をこらすと、なんと部屋のなかにいるのは小坊主ではなく、三匹の大きな猫であった。

「猫の酒盛りとはただごとではない。これは一体、どういうことだ」

改めて障子の影に目をやると三人の小坊主だが、もう一度よく見ると、どうしても三匹の猫なのだ。

そこで住職は思いきって障子を開いた。すると三匹の猫は仰天してのけぞり、泡をくって逃げだした。

部屋から逃げだす猫をよく見ると、一匹は自分の寺の猫で、あとの二匹は雲辺寺の黒猫と、町で道場を開いている剣道の先生の家で飼われている三毛猫だった。

中蓮寺の住職は長年自分の寺で飼っている猫を追いだすと、雲辺寺と剣道道場の先生のところへ詳しい手紙を書いた。

知らせを受けた雲辺寺の住職も驚きあきれ、さっそく自分の寺の黒猫を追いだした。町の剣道の先生は、長い間飼っていた三毛猫を、それこそ一刀両断に斬り捨ててしまった。

その剣道の先生が稽古中に突然猫のような奇声を発し、竹刀《しない》を振りまわしている時に急死したのは、それからしばらくたってからのことだった。

話を聞いた近所の人たちは、「あんな死に方をするのは、斬り殺された三毛猫の祟りに違いない」と、怖れをなしたという。

また雲辺寺では、外出先から戻ってきた住職が、山門のところで寺から追いだした黒猫に襲われ、頭を門柱の礎石の角に強くぶつけて亡くなってしまった。

中蓮寺の和尚も雲辺寺の住職と同じように、山門の近くで寺から追いだした猫に襲われて亡くなったが、この中蓮寺ではその後もおかしなことがつづいた。寺に新しくやってくる住職は、みな猫に襲われて不幸な死に方をし、ついに住職になるものがいなくなってしまった。そのため七堂伽藍の立派な寺も荒れ果て、いつしか廃寺となって寺の名を残すだけになってしまったという話である。（市原麟一郎『阿波・池田の民話』）

89　妻に取り憑いた古猫の霊（岡山県）

むかし、備中国（岡山県）の城下に剛の者として知られる松浦正太夫という侍がいた。ある夜のこと、居間にいた正太夫の妻がなにに取り憑かれたのか、急に体をふるわせると、四つん這いになって部屋のなかを這いずりまわりはじめた。

妻の変事を知らされた正太夫は、すぐに居間にむかった。すると妻は正太夫の顔をにらみつけ、

「われはおまえに、これまで仇《あだ》をなしたこともない。それなのに、よくもわれを殺したな。この恨みを晴らすために、おまえの妻の体に入ったのじゃ。妻は十日のうちに責め殺してくれよう」

と口走るのだった。

家のものたちは、みな顔色を失っておびえていたが、夫の正太夫は少しも怖れず、

「拙者はこれまで、世のためにならぬ悪獣どもは数多く退治してきたが、咎《とが》めのないものは殺した覚えはない。拙者を恨むというが、おまえは何者じゃ。名をなのれ」

というと、妻はすっくと立ちあがって、

「われは、長年生駒八十介殿の屋敷に飼われていた猫である。昨日の暮れ方、縁先で眠って

いたところ、おまえは後ろから近づいて、いきなり情ようしゃもなくわれを刺し殺したではないか。これこそ無用の殺生であろう」

と、猫がのり移った妻は恐ろしい形相で正太夫をにらみつけた。

「さては、おまえは八十介の家にいるあの牝の古猫か。おまえこそ、この頃怪しい姿に化けて近所の人たちを苦しめ、悩ませておるではないか。それにもし恨むなら、拙者に憑くがよかろう」

正太夫がそういうと、妻に取り憑いた猫は、

「おまえは剛の者といわれる故、その隙もない。そこでおまえを苦しめるため、女房に取り憑いたのじゃ」

と、答えた。

それを聞いた正太夫は、

「まったく卑怯千万の仕業である。八十介の家には、おまえが産んだ子猫がたくさんおる。しかし、それらの子猫には咎めはないから、殺さないでおいた。もし拙者の女房をとり殺すなら、おまえの子猫たちもみな殺しにしてやるぞ」

語気強く脅すと、妻は急に身を縮めた。妻に取り憑いている古猫が驚いたのだ。

「子どもたちは、助けて欲しい。女房は決してとり殺さない」

そういって古猫が取り憑いた妻は、四つ足で縁先まで走りでると、そこで気を失って倒れた。

すると、その縁先から庭のくさむらにむかって、火の玉がふわりと飛んで、消えていった。

その後は正太夫の周辺には、なんの災いも起こらなかった。正太夫は自分が殺《あや》めた八十介の家の古猫の霊を、懇《ねんごろ》に弔ってやったという話である。（裕左『太平百物語』）

90 猫になった女房の話（東京都）

文化十年（一八一三年）六月十九日の夜のことである。

江戸湯島にある円満寺の門前の煎餅屋へ、このところ毎夜のようにどこからか黒い大きな猫がやってきて、煎餅などを盗んでいくので、腹をたてた亭主がわなを仕掛け、とうとうこの晩、その猫を捕えたのだった。亭主はこの猫を激しく叩いて殺すと、首に縄をつけ、女房に裏にある馬場の芥捨て場へ捨てにいかせた。

女房は剛強な婦《おんな》であったと見えて、深夜にもかかわらず少しも嫌がらずに、死んだ猫の縄を引きながら芥捨て場へいって捨てると、なにごともなく店に戻ってきた。

煎餅屋の女房に変事が起こったのは、女房が一歩店に足を踏み入れた時だった。女房は気色を変えて「あっ！」と声をあげると、そこに立っていた亭主にいきなりとびかかり、爪をたてて顔を激しく掻きむしった。

驚いたのは、亭主である。

なんとか女房の手からは逃れたが、またすぐ襲いかかってくる女房の猫そのものの形相に恐れをなした。そして店から外へととび出していくと、深夜にもかかわらず大声をあげて近所のものに加勢を求め、女房をとり静めようとした。

ところが女房の狂気は一向に収まらなかった。猫のような怒り声を疳高く発しながら、目をつりあげ、店のなかのものを片っぱしから投げつけて、猛り狂ったのだ。

やっと数人でとり押さえたが、まだなにをするかわからないので、手足を縛って横にしておくと、女房は疲れたのかそのまま眠りに落ちてしまった。

翌朝になると、女房はすっかり落ち着きを取り戻したので、亭主は縄をといたが、女房はなにを問いかけても、言葉を発しない。人語は話さずに、さまざまな猫の声で受け応えするばかりだった。

顔の表情もいつもの女房の顔に戻っていたが、食事の時は器のなかへ顔を入れて掬い取り、魚類ばかりを欲しがった。

月が改まる頃に、ようやく人語を口にしはじめ、猫の仕草もなくなったが、猫を捨てて家に戻ってきてからのことは、なにを聞いてもまったく覚えがないというばかりだった。

それにしても、猫を殺した亭主の方に猫の霊が取り憑かず、捨てにいった女房に憑いて苦しめるというのは理不尽きわまる話である。(加藤曳尾庵『我衣』)

91 猫殺しの報い (東京都)

明治十年(一八七七年)の春のある朝のことである。

東京芝愛宕下の桜川町に住む魚商吉野亀次郎の倅の吉太郎が、買出しから帰ってきて鮮魚を選り分け、板台《ばんだい》で得意先の注文に応じて包丁を使っていると、忍び寄ってきた一匹の泥棒猫がすきを見て、いきなり一尾の魚をくわえて逃げ去ろうとした。

その瞬間、吉太郎は傍らの火鉢の上で煮えたぎっている鉄瓶を手に取り、

「おのれ！」

と、逃げる猫めがけて投げつけた。

すると狙い違《たが》わず、鉄瓶は猫の背中に当たって、熱湯をかぶった猫は悲鳴をあげるまもなくその場で死んでしまった。

騒ぎに驚いて飛び出してきた家の者たちも、猫の悲惨な死に方を見て哀れをもよおしたが、いまさらなにをいってもどうにもならない。話しあって、家の裏手にある空地に死骸を埋めてやることにした。

吉太郎も咄嗟《とっさ》のことで、まさかこんなことになるとは思わなかったようで、後悔の念もあってか、家のものたちについて埋葬を手伝ったあと、ぼんやりした表情で家に入ったが、その時から吉太郎は急におかしくなった。顔色が変わり、目尻をつり上げると、板流しにあった大きな鯛にとびつき、まるで先刻の猫のように素早く口に加えて、外へ走りでたのだった。

それを見た父親の亀治郎は仰天した。ほかのものたちと駆けよって捕えようとすると、吉太郎は必死になって引っ掻きまわったり、躍りかかるやらで、手がつけられない。やっと押さえこんで家のなかに連れこむと、今度は襖、障子に爪をたてて破りまくり、手当たり次第に家のなかのものを押し倒し、投げとばして、奇声をあげて暴れまわる始末だった。

集まってきた近所のものたちは「猫を殺した」という話を聞いて、いまさらながら猫の祟りの恐ろしさに身ぶるいした。

家のものたちは医者にも診せ、薬も与えたが、半月あまりの間、吉太郎はうつろな目をしながら、ただぼんやりしているだけだったという話である。（富岡直方『日本猟奇史』）

92 猫とともに消える（東京都）

むかし、江戸深川の永代寺の門前に、一軒の粗物屋《あらもの》があった。

ある時、その家の老婆が病いを得て、店の次の間に臥していると、もう長いこと家に飼われている猫が床の脇にきて、じいっと老婆の顔をみつめていた。

ほかに人がいても、猫は動かなかった。床に臥している老婆は気味悪がって、何度も手真似で追い払ったが効き目がない。家のものに頼んで猫を部屋から出してもらったが、猫はまたすぐ寝ている老婆のところへやってきた。

「猫はああして、老婆を守っているのではないか」というものもいたが、家のものまで気味悪がっていた。

「まったく気色悪い、いやな猫だよ」

老婆は腹だたしそうにいって、病いが癒えたら自分がどこか、もうここへ戻ってこられないような遠くへ捨ててくると、繰り返し呟いていた。

病いは全快とまではいかなかったが快方にむかい、ある朝、目を覚ますと、気分もいいので床をあげさせた。そして家を出て、ぶらりと近所を歩いて戻ってくると、歩行の自信もついたのか、家のものが、まだ遠くへ行くのはやめた方がいいと止めるのも聞かずに、猫を笊《ざる》にいれて風呂敷に包むと、杖をつきながら家を出ていった。

老婆は、それっきり家に戻ってこなかった。

家のものたちが手分けをして捜しまわったが、朝出ていったきり、老婆も猫も二度と家へ戻ってはこなかったという話である。（前出『民俗怪異篇』）

93 猫の逆襲（大阪府）

むかし、大坂の下町で魚を商う男がいた。

ある日、その魚売りが一軒の家の前に荷を下ろし、裏長屋をまわっている隙に、その家の猫が出てきて干魚を一枚盗み、半分ほど喰ったところへ戻ってきた。

魚売りが怒ってその家の女房に、

「あんたとこの猫に、商う干魚を半分喰われた。この残りはまけて売ってやるから、猫にくれてやったらどうかね」

というと、女房も負けじとばかりに、

「猫が魚を盗ったたって、こっちにはかかわりのないこと。猫の好きなようにさせとくしかないのさ」

と、乱暴な剣幕で言うと、家に入って戸口の障子を、ぴしゃっと閉めてしまった。

女房の振る舞いに、魚売りは腹をたてた。それなら猫は勝手にさせてもらおうと、その猫をつかまえると、かたわらにあった長屋の厠のなかに投げこんでしまった。

汚物にまみれた猫はというと、すぐに壺のなかから躍りでると、障子の破れ穴から自分の家である女房の家のなかに逃げこんだ。そしてところかまわず部屋のなかを走りまわり、転げまわったので、家のなかは汚れるやら臭いやらで、手がつけられなかったという話である。

（前出『譚海』）

94 烏への復讐（青森県）

文政年間（一八一八年〜一八三〇年）の話である。

青森県北津軽の板柳村に住む坪田嘉平次の家で飼っていた牝猫が、はじめて四匹の子猫を産んだ。

子猫たちは日ごとに可愛らしさを増していくので、嘉平次の家では猫の話が絶えることはなかった。

嘉平次の家の庭には一本の大きな梨の木があって、毎年烏が巣をかけて、子を孵《かえ》していた。

ある日のこと、子猫たちは縁先に出て遊んでいたが、そのうちに庭へ降り、新天地でじゃれ合ったり、走りまわったりした。

するとふいに梨の大木の上から烏の親鳥が降りてきて、庭先で遊んでいた子猫を一匹嘴《くちばし》にくわえ、巣にさらっていったのだ。

子猫の悲鳴が聞こえたので、家のものが庭へ出て、声が聞こえる高い梨の木を見あげたが、どうすることもできなかった。

同じことが次の日も、その次の日も続いた。

こうして三、四日のうちに、四匹の子猫はみな烏にさらわれてしまったのだ。けれども子猫を失った母猫も、黙ってはいなかった。梨の木に飛びつくと、烏の巣のある高みへ登っていった。

烏たちは大声をあげて騒ぎだした。すると近くの木にいる仲間たちが飛んできて、巣にいる烏に加担するように、木に登っていった母猫を攻撃しはじめたのだ。

そのようすを見ていた嘉平次の息子は、梯子を持ちだしてきて、竿の先で烏を追い払おうとしたが、烏たちが騒ぐところまではとても届かなかった。

その夜のことだった。

急に烏の鳴き声がうるさくなったので、嘉平次の家のものが見にいくと、庭の梨の木の下に、烏の巣が堕《お》ちていて、烏の子たちが鳴きながら羽根をばたばたさせていた。親の烏も咽を咬まれて、地面の上であえいでいた。

その時、木の上から母猫が降りてきた。母猫はつぎつぎと地面に転がっている烏の一家を咬み殺すと、そのまま闇のなかへ姿を消した。そして二度と嘉平次の家に戻ってはこなかったという話である。（平尾魯僊『谷の響』）

95 アイヌの猫のはじまり（北海道）

むかし、アイヌの村で、ひとりの男が猫を飼っていた。

ところが、この猫はまったく鼠を捕らずに、朝から晩まで、暖かいところで眠り呆けていた。そして起きている時は、男の家ばかりか、近所の家に入りこんでは食べものを漁り、盗み食いをするので、男は腹をたて、ある日眠っている猫の首をつかんで頭を叩き、

「おまえは役たたずの泥棒猫だ。もともと悪魔の灰が化けて生まれたのだから、よく燃え、焼け死ぬのがおまえにもっともふさわしい」

そうどなりたてて、猫を燃える火のなかへ投げこんでしまった。

猫は、男の残酷なしうちを許すことができなかった。いったん死んだものの再び姿を現わし、焼き殺された仕返しに、男の家を全部焼いてしまった。それればかりではなかった。猫は男のからだのなかに入って暴れだしたため、男は突然猫のように四つん這いになり、もがき苦しみ、猫のような奇妙な声を発しながら死んでいったという。

こうした猫の祟りを、アイヌの人たちは「猫罰《メコバゴツ》」と呼んでいる。

アイヌの言い伝えでは、猫は狐と同じように、世界の端にいた悪魔の焼け死んだ灰から生まれたもので、白い猫はモシリシンナイムの白い灰、黒猫は黒い灰、赤みをおびた赤い猫は

赤い灰から、色の混じった猫はその色の混じった灰から生まれた、とされていた。そして猫は鼠を捕るためにこの世に生まれ、人間に養われているのだという。猫は人に魔法をかけることができるので、人を幸せにしたり、不幸にしたりすることができ、扱いがよくないと、仇《あだ》をなしたり、人に憑《の》り移っていのちを奪ったりすることもできるという話である。（J・バチラー『アイヌ爐辺物語』ほか）

96 悲惨な冗談（愛知県）

むかし、愛知県の足久志《あくし》村に住む甚五郎という男の家で、飼猫が可愛らしい三匹の子猫を産んだ。

ある日、家人が部屋のなかを片づけるのに、子猫たちが眠っている籠を別の部屋へ移して、籠の上から着物をかぶせておいた。

しばらくすると、屋外《そと》に出ていた母猫が帰ってきたが、我が子がいないので、部屋のなかを心配そうに見まわして行方を捜していた。

それを見た家人が片づけごとをしながら、

「さっき犬が庭から入ってきて、おまえの子を三匹とも喰い殺してしまったよ」

と、冗談をいってしまったのだ。

それを真に受けた母猫の心に、復讐の火が燃えあがった。母猫は庭の隅にある厩《うまや》の前に積んである糠俵《ぬか》の上に飛びあがると、そこからじっと様子を見ていた。その家の犬は厩の脇に置いてある器でいつも餌を食べることになっていたので、猫は犬が食事にくるところを狙うことにしたのだった。

夕刻になると、遊びに出ていた犬が戻ってきて、家の人が器のなかに入れていった餌を食べはじめた。

母猫は糠俵の上で起きあがると、用心深く厩の屋根に移り、裏から地上に飛び降りると、夢中で餌を食べている犬の真正面から飛びかかっていった。そして両前足で犬の目の玉を抉った。犬の悲鳴が聞こえたが、母猫はもうその場から逃げ去っていた。そして、再び姿を見せることはなかったという話である。（鈴木正三『因果物語』）

二十一　猫と南瓜

97 妙薬南瓜の種（山梨県）

むかし、山梨県のあるところに、分限者のお爺とお婆が住んでいた。世話好きな二人は、倅の嫁たちと甲州や遠州を往き来する商人や旅人に一夜の宿を与えて喜ばれていた。

ある日のこと、おてんま人夫（廻状配達人）と府中からきた薬商人がその家に泊まり合わせることになった。

すると、その日の夜更けのこと、ふと目を覚ましたおてんま人夫は、

「ここの家の息子のかかあは悪い嫁で、夜中にこっそり、魚を盗って喰うとよ」

という声を聞いた。

「はて。こんな夜更けに、誰が話をしておるんじゃな」

気になるので、おてんま人夫は布団から抜けだして、あたりを見まわしながら土間の方をうかがうと、大きな猫がいた。猫はめんば（曲げものの器）に頭を突っ込み、尾っぽの先で調子をとりながら魚を喰っていた。

「あの猫がひとりで喋っておったのか。この泥棒猫めが――」

おてんま人夫は土間に駆け下り、猫を取り押さえると、その場に叩きつけた。するとと猫は、打ちどころが悪かったのか、そのまま動かなくなってしまった。おてんま人夫は始末に困って躊躇したが、そこに立てかけてある鋤に目がとまると、土間の片隅に穴を掘って死んだ猫を埋めてしまった。

次の朝、朝食においしそうな南瓜《かぼちゃ》の料理が出て、おてんま人夫は大喜びでにこにこしながら、

「おらぁ家じゃ、こんなうめえ南瓜は喰ったことないずら」

と、つぎからつぎへと南瓜をほおばり喰っていると、どうしたことか急に腹痛を起こして苦しみだしたのだ。

傍らにいた薬商人がすぐ薬を与えて飲ましたが、薬は少しも効かなかった。

「こんなひどい痛みには、薬も効かんようだ。どうしたんですかな？　南瓜はこうしておらたちも一緒に喰ったんですから、南瓜がおかしいことは……」

と言いかけると、家のものたちは顔を見合わせて、

「ちょ、ちょ、ちょっと待っておくれやす」

と、息子の嫁が驚いたようにいって、こんな話をした。

今朝起きて土間へいくと、土間の隅に南瓜の蔓がのびていて、いままで見たこともないほど大きな実が二つなっていたというのである。

「ゆんべはなにもなかったが、たった一晩でこんなところに南瓜がなっておる。前に料理した時落ちた種が芽を出したんだろうが、それにしても、たった一晩で大《でっ》こい南瓜がなるとは

るもんじゃ……」

「こんな大《でっ》こい南瓜なら、みんなで腹いっぺえ喰える。早く料理すんじゃ。珍しいこともあな」

と、喜んでその南瓜を煮て、朝食に出したというのだった。

この話を聞いた府中の薬商人は、すぐに土間へおりていった。そして蔓を張っている南瓜を見て、不思議に思った、薬商人は南瓜の根くね（側）を調べながら、そこを掘ってみた。するとこのなかに猫の死骸があり、その目のところから芽が出て蔓がのび、一夜のうちに大きな南瓜の実をならしたことがわかった。

薬商人は、朝、家のものが料理した南瓜の種を拾い集めると、それを大事そうに持って、

「だれも覗かんでください。これは不思議な種だからうんとよい薬ができるかも知れない」

といいながら、部屋に入った。そして南瓜の種に火を通したり、種をくだいたりしていたが、夕方近くになってやっとできあがったという薬を、腹痛で唸り声をあげて苦しんでいるおてんま人夫に与えると、なんと、まるでうそのように腹痛が治ってしまったのだ。

府中に帰った薬商人はその南瓜の種をもとにしてつくった新しい薬で医者をはじめると、腹痛で苦しむ人たちがつぎつぎとやってきて、町では評判の医者になったという話である。

（前出『口承文学大概』）

（メモ）「昔話・伝説話型」の「猫と南瓜」型の一話。南瓜を「包丁でさくっと切ってみると、なかには猫の毛がいっぱいつまっていた」（鹿児島・屋久島）という話や、南瓜を「パッ

クリ割ったら種が一つもなかった」（福島）、「蛇が出てきた」（宮城）という話もある。

98 猫みかんの話（静岡県）

むかし、静岡県の有渡《うど》の鴨村に久太夫という農夫がいた。

久太夫は家の裏庭にみかんの樹を一本植えて、大事にそだてていた。そしてだれに教えられたのか、またどのような理由があってのことかわからないが、よく実をつけるようにと、殺した猫を毎年みかんの樹の根元に埋めて肥料《こやし》としていた。

文化九年（一八一二年）のことだった。

その肥料が功を奏したのか、みかんの樹には誰が見ても驚くほど見事な大きな実が、たくさんなった。喜んだ久太夫は親戚や近所に配ったり、村の役人にまで贈ったりして、自分の世話がいき届いていたことを自慢げに話していた。

ところが、みかんの実をもらったものたちは、皮を剝いて、仰天した。果肉がみんな猫の顔をしていたのだ。

貰ったものたちは、口に入れることができなかった。久太夫から猫の死体を肥料にしていたという話を聞いていたので、殺された猫の遺恨に違いないと、気味悪がって、みんな捨ててしまった。

久太夫も深く怪しみ、そのみかんの樹を伐ってしまったが、その時、樹は久太夫の頭の上に真正面から倒れこんできて、逃れる間もなかった。久太夫は頭から背中を激しく打たれ、その打撲の痛みに堪えられず、数日間苦しみながら息を引きとっていった。

その後も、久太夫の家では凶事がつづいた。そしてついに一家ことごとく死に絶えて、家の跡は空地になったまま、誰も住もうとするものはいなかったという話である。（阿部正信『駿河雑誌』）

（メモ）高い木になっているみかんを梯子を立てて手に取ってみると、なっているみかんの実に一つずつ、全国六十四州の殿様の定紋が入っていたという宮崎県の話もある。

99 藍師《あい》と西瓜《すいか》（香川県）

むかし、香川県高松の藍師が、染物の原料に使う藍（草）の買付けに徳島へ出かけた。藍染の原料の買付けは毎年お盆の前に、何日も宿に泊まって近辺の農家をまわるのだ。

ある時、泊まっている宿屋の夕食に、おいしい魚の煮つけが出た。

藍師が「うまい。うまい」といいながら口に運ぶのを、そばにいる猫が物欲しげに見ていたが、藍師はそ知らぬ顔をして食べていた。そして魚を少し残して夕食を終えると下女に、

「おいしい煮つけだったたな。残した魚は、あしたまた食べるから、とっておいてくれ」

と頼んで、台所の戸棚にしまわせた。

するとその夜、例の宿の猫がこっそり台所の戸棚の戸をあけ、魚を食べて外へ逃げだしたのを、藍師は寝ながらも薄目をあけて見てしまったのだ。

翌朝の食事には、もちろん魚の煮つけは出てこなかった。そこで藍師は宿屋の主人《あるじ》に、

「猫を飼っておるのはいいが、猫は末が恐ろしいだけに、気をつけた方がいい」

といったが、宿の主人は意に介さなかった。

藍師は、猫のことが気になってしようがなかった。猫に魚をやらなかったこと、魚を盗むのを見たこと、宿の主人に年を経た猫の恐ろしさを語ったことなどを考えてみると、

「あの猫は、わしのことを恨んでおるに違いない。いのちを取りにくるかも知れんから、気をつけておらんとな」

と、思った。それから何日かたったある夜のこと、なぜか今夜あたりあの猫が自分を襲ってくるような気がしきりとするので、寝る時から用心をしていた。藍師は足にほおかぶりをすると枕にのせ、からだを上下逆にして床に入った。そして脇差を抱いて寝た。

すると夜更けに、勘が当たって、宿の猫がこっそり部屋に入ってきたかと思うと、いきなり藍師に跳びかかってきた。

藍師はあわてて起きあがりながら、脇差を猫の横腹へ突きとおした。猫は悲鳴をあげ、血をたらしながら家から走りでると、裏にある築山まで逃げて、そこでこと切れてしまった。

あくる年のお盆の前に、高松の藍師はまた徳島に出かけて、同じ宿屋に世話になった。

するとその宿屋の主人が、

「ええところへきなすった。今時ならん時分に、こんな大けな西瓜《すいか》がなっとってな。ようて、

れとる（熟す）らしいので、いま切ってみようとしょるところや。あんたは、ほんにええところにぶつかったもんじゃ」

といって大きな西瓜を切ろうとすると、藍師が口をはさんだ。

「しゃあけど、この西瓜、どこにあったら？」

と尋ねると、宿屋の主人は、

「うちの裏の築山に生えた西瓜じゃ。猫が築山で死んどったので、埋めてやったところじゃが」

というので、藍師がその西瓜の根元を確かめさせてほしいと築山の隅を掘ってみると、去年自分が殺した猫の咽笛から西瓜の茎がのびていた。

「猫というのは執念深いもので、一年たってもまだわしのいのちを取ろうとしていた」

藍師はそう述懐したという話である。（前出『日本昔話通観』）

二十二　猫殺しの罪と罰

100 「生類憐みの令」と猫（東京都）

貞享四年（一六八七年）二月四日のことである。

江戸城中のお台所の井戸に、遊んでいた猫が落ちて死んでしまった。猫の死体を引きあげる時、井戸の底をさらったところ、なお一匹の死骸があったという。

「井戸にふたをしておかなかったのは、台所頭の手落ち」ということで、台所頭天野正勝が八丈島へ流刑となった。その息子二人は、鳥居左京亮忠則のもとにお預けになった。天野正勝は元禄六年四月赦免となって、六年の流刑生活を終えて江戸へ戻った。（『徳川実紀』、『御仕置裁許帳』ほか）

元禄三年（一六九〇年）八月二日のことである。

江戸難波町の大工次郎兵衛が、弟子と一緒に大八車に材木を積んで運ぶ途中、道に飛びだしてきた犬を避けようとして、脇から出てきた猫を轢《ひ》き殺してしまった。次郎兵衛とその弟子はとんできた役人たちに手鎖をかけられて、小伝馬町の牢につながれた。（同前）

元禄七年（一六九四年）七月四日、江戸霊岸島銀町の棟割り長屋の一隅に住む七左衛門は、ヒヨコを二羽もらってきて、狭い長屋の庭に放って飼っていた。

家主の兵左衛門の家に飼い猫がいることは知らなかったわけではなかったが、すっかり失念していたようだった。

猫はヒヨコの鳴き声を聞きつけると、さっそく近づいてきて、手を出した。ヒヨコが逃げまわるのを面白がって追いかけ、跳びかかった。

甲高いヒヨコの悲鳴を聞いて、七左衛門が部屋から庭へ飛びだしてみると、ヒヨコの一羽が猫に喰いつかれて振りまわされ、すでにこと切れていた。もう一羽は猫のにらみにおびえて、庭の隅で動けなくなっていた。

頭に血がのぼった七左衛門は、猫をどなりつけ、いきなり首根っこを捕まえると、力任せに足元へ叩きつけた。

打ちどころが悪かったのか、猫はそのまま動かずに死んでしまった。

騒ぎを聞いて、家主の兵左衛門がどなり込んできた。

「なんということをするんだ。どういうわけで、おれの家の猫を殺したんだ。さあ、いってみろ！」

七左衛門の胸ぐらを鷲摑みにして、返答を迫った。

集まってきた長屋のものたちが仲介をしたが、なかなか収まらない。そこへ役人がとんできて、七左衛門は「猫殺し」の廉《かど》で奉行所へ引っぱられていった。七左衛門は「生類憐れみ

の令」に背いた科《とが》で流刑になるところだったが、江戸十里四方追放で落着したという。（同前）

（メモ）「生類憐れみの令」は、江戸幕府五代将軍徳川綱吉がその治世中（一六八〇年〜一七〇九年）に下した動物愛護を趣旨としたものだが、度が過ぎた悪法ともいわれている。綱吉は天和三年（一六八三年）、世子徳松を失ったあと嗣子に恵まれず、母桂昌院が尊崇する僧隆光から人に子がないのは前世で殺生をした報いであり、子を得たいと思うなら殺生を慎み、生類を憐れむよう心がけ、綱吉が戌《いぬ》年生まれであるところから、犬を大切にするよう進言されたことが、発令の動機になったといわれる。

最初の発令は貞享二年（一六八五年）七月で、将軍の御成りの道筋に犬、猫が出ていても構わないというものだった。やがて幕府の御台所では鳥類、貝類、海老などの使用が禁止され、さらに保護の対象は馬、牛、犬、猫、猿、鶏、亀、蛇、鼠、魚類にまで及んだ。猫については、元禄四年（一六九一年）、犬同様飼い主と飼い猫の特徴を届けさせた「猫の毛付帳」がつくられたり、野良の猫を伊豆大島へ移したりしている。

金魚なども一般に飼うことを禁じられ、江戸中から集められた金魚二万尾を神奈川の藤沢にある遊行寺の池に放って一括保護、飼育された。鳩、烏などは捕えて暫時伊豆七島の島々へ放たれている。「きりぎりす松虫玉虫之類、慰めにも飼い申す間敷」（「江戸町触集成」）と、唖然とするばかりである。難病に燕の黒焼きがよいと聞いた中奥小姓秋田淡路守の家来甚太夫は燕を射落として斬首、子も小塚原で同罪になっている。燕を射つのを見ていた山本兵助は、止めなかったという理由で八丈島流罪となった。犬に関しては特別な扱いを受け、中野などに二十九万坪におよぶ広大な犬置場を設けて十万頭を収容し、飼育費は町人から出させた。

この法令の施行は江戸及び幕領のみであったが、次第に諸藩にもおよんだ。綱吉は法令の永続を遺言したにもかかわらず、死後六代将軍家宣はただちに廃止している。新井白石（一六五七年〜一七二五年）は『折たく柴の記』に、一禽一獣のため処置された者の家族で「流離散亡した者は数十万に及んだ」と記している。

101　化け猫になって戻る（東京都）

江戸の町に畜類はじめ虫魚類などに至るまで危害を与えてはならぬという、「生類憐れみの令」が施行されていた元禄年間（一六八八年〜一七〇四年）のことである。

赤坂御門近くに屋敷を構える幕臣のひとり内堀小四郎のところへ、ある時来訪者があり、家のものが主人《あるじ》の小四郎に取り次いでいる間に、玄関先の来訪者たちの前へ、丸い目玉を異様に光らせ、口が大きく裂けた怪しい小僧が飛びだしてきた。来訪者のひとりが捕り押さえようとすると、次の瞬間、小僧は目の前から姿を消してしまった。

不思議に思っていると、そこへ屋敷の主人の小四郎が現われた。来訪者たちが、たったいま目にしたことを話すと、小四郎は、

「このごろ、それがよく出るのじゃ。女童たちが怖がるので、狐狸の類いに違いないと思い、屋敷内を調べて、裏の土蔵のところで小姓がそいつを捕えたが、すぐに逃げられてしまったのだ。当方も困って、城中で若年寄り衆にうかがうに、『生類である以上、怪あるものといえども害をなさずんば殺すべからず』というので、そのままにしてあるが、なんとかしたくともお咎《とがめ》を受けるのはな」

と、いうのであった。

その後も同じようなことがつづくので、家のものたちも困っていた。

そこで小四郎は意を決し、弓に心得のあるものを屋敷の木立のかげにひそませ、ひそかに怪しい小僧を射殺すことにした。だが、相手はその後何日も姿を見せなかった。射殺されることを知って、他所へ移っていったのかも知れないと思うようになった二十一日目に、件《くだん》の怪しい小僧が土蔵の脇に姿を現わした。

長い間待たされた相手である。弓の名手は、じっと狙いを定めて矢を放つと、矢は腰のあたりに突き刺さって、怪しい小僧は崩れるように倒れた。

家の者たちは主人の小四郎から指示されたことを守り、血がすべてからだから抜ける夕方まで待って、小僧の死骸を土蔵のなかへ引きいれると、さらに人目に触れないように二階へあげてかくそうとした。そして邪魔な道具類を除いていると、いまさっき小僧の死骸を置いたばかりのそこに、なんと矢で腰のあたりを射られて死んだ四尺あまりの大猫が横たわっていたのだ。

小四郎が後日語ったところによると、この猫は若い頃小四郎がはじめて飼った猫で、いつも身近に置いて可愛がっていたという。小四郎が外出する時は、頭を撫でながら「小さくなれ」というと、ことのほか小さくなるので、いつも袖のなかに入れて連れ歩いていたというのだった。

それがいつか、年をとって大きくなると、家を出てどこかへ姿を消したが、それが再び家に戻ってきた時には、化け猫となって醜い小僧に変化《へんげ》し、家のものたちには害を与えることはないが、日ごと怪しい振るまいをして人を脅かすようになったという話である。（朝日重章『鸚武籠中記』）

102　懲らしめの刑（大阪府）

江戸時代のこと、大坂千日前にある大木に、縄で両手を後手に縛られた男が吊り下げられ、終日さまざまな人たちに責められていた。

この男は人家に飼われている猫を盗み、皮を剝ぎとって、三味線の皮として売るのをなりわいとしていたのだった。

町のなかをうかがい歩き、猫のいる留守の家を見つけると、その猫を捕らえて袂《たもと》のなかに入れ、猫に声をあげる間も与えずにねじり殺す。猫を殺すと人のいないところや、雪隠《せっちん》などに持っていって、血がつかないように即刻皮を剝ぎとり、死体はそのままその家の雪隠の壺のなかや物陰に打捨ててしまうという残酷かつ手荒なやり方だった。そして剝いだ皮だけを紙をたたむように重ねて風呂敷に包むと、さりげない顔をして、また猫を求めて町なかを探し歩くというのだった。

人を殺《あや》めることと同列にはみなしがたいが、この数日あちこちでこの男の犯行と思われる悪行がつづいたので、飼い猫を盗られた家のものたちが懲らさんがために引っ捕えて、木に吊るすことにしたというのだった。（前出『譚海』）

103 猫の罰は斬首（埼玉県）

埼玉県の鴨田村に、むかし五左衛門という名主がいた。

ある年のこと、川越城から、城主が鷹狩りに使う鷹を持って鷹匠たちがやってきて、五左衛門の家に泊まった。

ところがその夜、同家で飼っている猫が警護役人のすきを狙って、鷹を喰い殺してしまった。

大事な鷹である。それを猫に喰い殺されるとは――。鷹匠はいうに及ばず、名主の五左衛門、村役人たちの驚愕ぶりは大変なものだった。どうしていいか見当もつかず、右往左往するばかりだった。

鷹がくることは前からわかっていたのだから、あらかじめ害を与える犬や猫などは近づけないようにしておくことができたはずだった。もっと厳重な注意が必要だったのである。

思案に思案を重ねても、よい方策は出てこなかった。いくら顔をつき合わせていても埒《らち》があかないので、五左衛門は猫を縄で縛り、城中へ引き立てていって罪状を訴えようと、役人たちに提案した。役人たちもほかに手立てが考えつかないので、名主の提案に同意して、ただちに実行されることになった。

引き立てられていった五左衛門の家の猫は、城中で取調べがおこなわれた結果、「お鷹」を喰い殺すとは「不届至極」として、斬首に処せられた。名主の五左衛門をはじめ役人たちには、なんのお咎《とがめ》もなく、この一件は落着した。

ところが間もなく、五左衛門の家では不思議なことが起こりはじめた。毎晩のように猫の群れがやってきて、屋敷のなかを走りまわったり、囃したてて大声をあげるようになったのだ。その声は五左衛門の耳には、

「五左きたぞ。さっさと踊れ」

と聞こえるのだった。

集まった猫たちは夜明けとともにどこかへ去っていくが、五左衛門は眠ることもできず、憔悴していった。

家の者たちも、同様だった。すっかり恐怖におののき、からだの異変を訴えて、床に伏すものも出てきた。

五左衛門はこれはきっと、斬罪にされた家の猫の怨霊の仕業に違いないと思った。考えてみれば、猫にはなにも罪はなかったのだ。

五左衛門は殺されてしまった猫に詫び、猫の冥福を祈ってさまざまな神仏に祈願し、加持

祈禱もおこなったが、その効験はさっぱりなく、夜半になるとまた、猫たちが屋敷内に集まってくるのだった。

五左衛門は途方に暮れ、すっかり口をきかなくなってしまい、ついに名主もやめ、家屋敷などもうち捨てて、妻子とともにこっそり村から姿を消してしまった。そして入間川を越えた隣りの川島領へ移っていったという噂もたったが、村を出てからの確かな消息は、誰も知らないという話である。（新井博『川越の民話と伝説』）

二十三　猫と漁師と猟師

104 古水の浦の赤猫（兵庫県）

古水の浦がある沼島《ぬしま》は兵庫県淡路島の南、紀伊水道の北西部に浮かぶ、小さな島である。

むかしこの古水の浦の近くの村里に、八兵衛という漁師が住んでいた。

ある日の昼過ぎのことだった。

天気がいいので、八兵衛は朝から自分の舟の脇で網の手入れをしていた。

すると可愛らしい顔をした娘が走ってきて、八兵衛の舟にいきなりとび乗ろうとした。驚いた八兵衛が立ち上がると、娘は息をはずませながら、

「あんたの舟の水を飲ませてくれろ。ひしゃくを貸してくれろ」

と、いうのである。

「おう、おう、のどが渇いておるのか。それは気の毒じゃ」

八兵衛は舟にとび乗ると、水桶のところへいったが、ふと足をとめた。

「待てよ。古水の浦のすばくらもん（悪賢い）の赤猫が娘に化けて、水が飲みてえとよく舟に寄ってくると聞くな」と、漁師仲間から聞いた話を思い出した。

猫が化けたその娘は漁師からひしゃくを借りると、それで海の水を汲みいれて舟を沈めてしまうというのだ。

「危ねえ。危ねえ。もう少しで調子にのるとこやった」

八兵衛は舟の水桶のところへ行くと、そこにある鉈《なた》でひしゃくの底を抜いてしまった。

「なにしとるんや。のどが焼けそうで、たくさん水が飲みてえ。早くひしゃくを貸してくれろ――」

可愛らしい顔をした娘だが、相手は化け猫だ。ぐずぐずしていると、なにをされるかわからない。八兵衛は底を抜いたひしゃくをなにくわぬ顔で手渡すと、舟からとび降りて、傍らの茂みのなかへ駆け込んだ。

ひしゃくを受け取った娘は、はっさい娘（おてんば娘）のように、ひょいと舟にとび乗ると、すぐに海の水を舟のなかに汲み入れようとしたが、底が抜けたひしゃくだから、いくら汲んでも水は掬えない。怒った娘は、

「ええい、せくさい（生意気だ）、せくさい。せっかくひしゃくを貸してもらえたってえのに、底抜けとは口惜しい」

と、地団太を踏んで、くやしがった。その時までは可愛らしい娘の顔だったが、くやしがっているうちに口は大きく切れ上がって、猫の顔になっていた。

茂みのなかで、息を殺して見ていた八兵衛は、

「おめえたちにちょぶられて（なめられて）、かなうかい。ちょさいもん（もてあそばれて）されてたまるかい。ざまあみろ」

といって、舟からとび降りて、去っていく赤猫の後ろ姿を見やっていた。

沼島の漁師たちはむかし、舟に底の抜けたひしゃくを置いていて、舟が海の難所を通る時は災難に遭わないまじないとして、そのひしゃくを海に投げ入れていたという話である。（浜岡きみ子『あわじの昔ばなし』）

105 網地島の山猫（宮城県）

宮城県牡鹿半島の先端の黒崎から、南西三キロの沖合にある網地島《あじ》の長渡《ふたわたし》の浜に、山猫にまつわる話がある。

ある年の夏のこと、大網で鮪《まぐろ》漁をやると、何年かに一度あるかないかというほどのすばらしい大漁だった。島の漁師たちは喜んで、魚を石巻や塩釜へ送り、四尾の大鮪だけを送りかねて、浜の小屋へ残しておいた。

ところが夜中に何者かが盗んだのか、一尾が消えていた。漁師たちが小屋のまわりなどを調べると、ひとりが砂の上に残る大きな獣の足跡を見つけた。

「さては山猫の仕業だな」ということになり、残りの大鮪もとられないように、夜になると屈強な若者二人が小屋に残って見張りをすることになった。そして元気づけに、ちびりちびりと酒を飲みながら四方山《よもやま》話に花を咲かせていたが、夜も更けると、酔いもまわってきた二人がついまどろみかけた、その時、一人の漁師がひょいと目を覚ますと、なんと大きな山猫が皿のような目をらんらんと光らせて、頭の上に座っているではないか。

びっくりした漁師は跳び上がり、用意しておいた鉄の棒をふりあげて山猫にうちかかっていくと、山猫は軽やかに身をかわして、小屋から姿を消してしまった。

「あいつは化け猫じゃ。小屋には錠《じょう》がかけてある。入ってくるときも出ていくときも、物音ひとつ立てずに、すうっと戸をぬけていきよった」

若い漁師は興奮しながらいったが、鉄棒を振りまわしたときに手をひねり、その痛みが何年も消えなかったという話である。（三原良吉「網地島の山猫」、「旅と伝説」昭四年三月号）

（メモ）この網地島の隣りには田代島という島がある。
田代島は全国的に「猫の島」として知られ、島民の数よりも猫のほうが多いという島である。

いまから百年以上も前、島の沖合に大謀網を設置するときに、使う重石を採るため、島の岩山を崩していた。その時、岩山の下にいた猫が、崩れた岩の下敷になって死んでしまった。

網元はその猫を丁寧に葬ったところ、大漁の日がつづいた。そこで猫の祠をつくり、猫神様として祀った。島の漁師たちは漁に出るときは必ず山に登り、この猫神様に豊漁を祈願してから海に出るようになった。

この島では家で飼われている猫も、野良猫も、みなだいじに可愛がっていて、決して犬は島に入れなかったという。

106　猫と茶釜の蓋（愛媛県）

「夜山踏み」というのは、晩方に家を出て、夜の山で狩りをすることだという。

むかし、愛媛県の八幡浜のある家で、猟師の主人《あるじ》が毎晩のように家を出て、夜山踏みに行っていた。

ところが、ある夜から、山へ入ると、いつも闇のなかで二つの目玉を鋭く光らせる怪しい生きものが現われて、獲物はさっぱりとれなくなってしまった。

この日も怪しい生きものに遭遇した猟師は、二つの目玉の真ん中に狙いを定めて鉄砲の引金を引いた。だが、いくら撃っても「カーン」という金属的な音がして弾がはじき返される。持っている十発の弾《たま》が全部当たっても、金物の音がしてはじき返されるだけで、相手は平然として逃げも隠れもしないのだ。

ある晩のこと、猟師は嫁さんに、

「わしが夜山踏みに出たあと、うちのミケはどうしておる。家におるか？」

と、尋ねてみた。ミケというのは、猟師の家にもう十年以上も飼われている大きな牡猫の名だった。

「いいえ。あんたが家を出ていくと、どこへ行くんだか、ミケもすぐ出ていきますよ」

嫁さんの話に猟師の主人は黙ってうなずいた。

そういえば、鉄砲の弾をつくっている時、いつも猫のミケがそばにいて、一発弾をつくるたびに前足をあげて手招きするような、妙なしぐさをする。あれは、わしが焙烙《ほうろく》をあぶってつくる弾《たま》の数を数えているのかもしれない、と思ったのだ。

夜山踏みには自分でつくった鉄砲の弾を十発持って山へ入るが、実はもう一発、十一発目の大切な隠し弾を持っていく。十発を使いはたし、自分の身に危険が迫った時にのみ使う特別強力な弾だった。

ミケの主人も、この十一発目の特別な隠し弾をいつも持って山へ行くが、これまでの夜山踏みでは一度も使ったことがなかった。

「こうなったら、最後の隠し弾まで使って、あいつを射止めてやろう」

猟師の主人はそう決心をして、夜山踏みに家を出ていった。そして山に入っていくと、まもなく闇のなかに二つの光る目玉が現われて、猟師をにらみつけてきた。

猟師はいつものように十発の弾を撃ったが、二つの目玉はやはり闇のなかで不気味に光っていた。

そこで猟師は十一発目の隠し弾を鉄砲につめ、眉間のあたりに狙いを定めて引金を引いた。すると弾をはじき飛ばす金物の音も聞こえず、二つの怪しい目玉も消えてしまった。

正体は何だったのか。猟師は明日そのあたりを調べてみることにして、その夜は山から下りてきた。そして家に入ると、嫁さんがおかしなことをいうのだった。

「茶釜の蓋がないんです。あなたがもっていったんですか?」

そう問われて、主人の猟師はとまどった。

「茶釜の蓋だと？　おれは知らん。そんなもの誰が山へ持っていくか。よく探してみろ」

主人はそういって、自分も探してみたが、見つからなかった。

次の日、猟師は山に行き、きのうの夜、隠し弾を射ったところへ行ってみると、そこには家で飼っているミケが倒れていて、その上に家の茶釜の蓋がかぶさっていた。茶釜の蓋には隠し弾が射抜いた穴があいていた。飼い猫のミケは猟師が弾をつくるのを見ながらその数を数え、弾をはじく茶釜の蓋を楯にして弾をよけていたのである。

猫は十一発目の隠し弾のことは知らなかったのだが、飼い猫が夜山に入って、なぜこんなことをしたのかは、誰もわからないという。しかし、このことがあってから、八幡浜あたりでは茶釜の蓋は金属でつくるものではなく、木でつくるようになったという話である。（和田良『伊予のとんと昔』）

（メモ）66話「よか分別」参照。

二十四　老婆と愛猫

107　猫で金儲け（和歌山県）

むかし、和歌山の西牟婁《にしむろ》のある峠道で、老婆が一匹の猫と暮らしながら、小さな茶屋をやっていた。

「猫の御器（食器）はアワビの殻でよい」

というものもいるが、老婆は人目につく、非常に珍しい焼物の茶器にご飯を入れて、猫に食べさせていた。

老婆の茶屋で一服するもののなかには、それを見て、「ずいぶん贅沢な御器で飯を食う猫がいるものだ」とあきれた表情をするものもいたが、なかにはその御器を欲しがるものもいた。

ある時、老婆の茶屋でひと休みした男が、猫が使っている御器を手にして眺めまわし、

「この器はたいした値打ちものだぞ。婆さんをだまして手に入れたいものだ」

と、よからぬことを企んだ。

「お婆さん。あの猫は可愛いな。わしは猫が好きでな。その猫を譲ってはくれぬか」

男がそういうと、老婆は、

「いいですよ。そんなに欲しいなら、譲ってあげるから、どうぞ、お連れなさい」

と、二つ返事で応じてきた。

「ところで、猫をもらうついでに、猫のあの御器もつけてくれんかい。すぐ飯を食わそうと思っても、器がないからな」

男が注文をつけると老婆は、それには答えずに、

「猫はあげるといっても、ただではあげられません。長いこと可愛がって、飼ってきた猫ですからね」

と、逆に注文をつけるのだった。

「ああ、そうだな。いくらなら譲ってくれる？」

男が聞くと、

「そりゃあ、猫のことだから、高こうこともいえんが、一両でどうですか？」

「ああ、一両でもいい。譲ってもらおう」

男は胸のうちで、「猫を一両で買っても、あの御器を手に入れれば何倍も得をする」と思って、

「あの御器もつけてくれるな。御器がないと、猫に食べものをやるに困るからのう」

同じことを繰り返していうと、老婆はそれにはきっぱりと、

「いいえ、御器はやれません。次に飼う猫のものだから」

と、それまでのなごやかな態度を一変させて、ぴしゃりと断わったのだった。企みはみご

とにはずれ、男は泣く泣く一両を渡し、猫を抱いて茶屋をあとにした。

一両も払って、ほんとうは欲しくもない猫をもらった男は、自分の失敗を悔やんだが、あとの祭。しかし猫を抱いていても重いだけだ。

「こんなものはいらねえ」

と、男は峠の途中で猫を投げ捨てた。

すると猫は、わき見もせずに峠の道を駆け上がって、茶屋へと戻っていった。峠の茶屋の老婆は、猫がまたすぐ戻ってくることを知っていて、よくこの手を使って旅人からお金をまきあげていたという話である。（前出『日本昔話通観』）

108　嵐とともに消える（東京都）

むかし、江戸本所の割下水《わりげすい》に、諏訪源太夫という御家人がいた。

源太夫にはきたという七十になる老母がいた。近所の人たちはこの老婆のことを、かげで、「本所の猫ばばあ」と呼んでいた。

とにかく猫好きなのだ。もう何十年も、たくさんの猫を自分の部屋で飼っていた。その数はいつも三十匹を下ったことはなかったというから驚く。

老母は歳をとっても、からだは達者で口も達者。

「わたしゃ、人間より猫のほうがいいね。猫は人をだましたり、謗《そし》ったりしない。近所のものたちがわたしのことを、猫ばばあといっておるのはよく知ってるよ。そういわれても、なんとも思わないね」

と、まったく意に介さなかった。

実の子の源太夫よりも可愛がっていたほどの猫が死んだ時、老母はその猫の遺体を抱きかかえたまま、泣いて泣いて目を真っ赤に泣きはらし、一日中部屋から出てこなかった。

老母は冷たくなってしまった猫を、土の中に埋めることができなかった。どうしても手から離すことができずに、部屋の中にある長持へ入れると、猫の月命日には決まって好物だった魚の煮物などをつくり、ふたを開いて長持のなかへいれていた。

あまりのことなので、源太夫の妻が夫にそのことを話すと、源太夫は、

「母上の猫好きは、人並みはずれておるが、黙ってやらせておくがよい。それも親孝行じゃ」

と、取り合わなかったが、源太夫の妻が気をつけていると、長持のなかへ入れた魚の煮付けなどは、骨まで残さずに食べられているらしく、台所へ戻された皿は舌で舐めつくしたようにきれいになっていた。源太夫の妻は気味悪さを覚え、身をすくめる思いでその皿を見つめ、洗い直していた。

雨と風が激しく雨戸をたたく、宝暦十二年（一七六二年）の秋の夜のこと、いつもは猫に話しかけている老母の声すら聞こえなかった。猫たちの声もまるで聞こえない。風雨の音のほかにはすっかり静まりかえって、「ことり」とも生きものの気配がしなかった。

老母も猫たちも、風雨の音におびえて声も出せずにいるのだろうか。

気になった源太夫の妻が、夫をうながして老母の部屋の前に行き、襖をへだてて声をかけ

てみたが、なんの返事も返ってこなかった。源太夫は、

「母上、失礼いたします」

声をかけて襖の戸を開き、二人は思わず息を呑んで、顔を見合わせた。

部屋の中は、空っぽ。老母ばかりか、何十匹もいるはずの猫の姿も、一匹も見当たらなかったのだ。

「あの長持の中に、母上は猫と一緒に隠れたのかしら……」

妻がいうので、長持のふたをあげて、源太夫は顔をこわばらせた。

長持の中も空っぽ。老母の姿も一匹の猫の姿もなかった。長持のふたのふちに、わずかに猫の毛がついているだけだった。

死んだ猫の遺体もなかった。

風雨荒れ狂う嵐の夜、老母は何十匹もの猫もろとも、突如、部屋の中から消えてしまったという話である。（作者不詳『江戸塵拾』）

109 猫多羅天女（新潟県）

むかし、新潟県佐渡島の雑多《さわた》のある里に、ひとりの老婆が住んでいた。

ある年の夏の夕方のこと、老婆が近くの山の頂の草原で夕涼みをしていると、どこからともなく一匹の大きな猫がやってきて、老婆の近くで不思議なことを始めた。

草原の上をごろごろ転がったり、伸びをしたり、からだをくねらせたりしているのだ。その仕草がおもしろく楽しそうなので、老婆も真似をして寝転んだ。そして同じようにからだを伸ばしたり、くねらせたりしていると、気持ちがらくになって、自分のからだが溶けて消えていくような、不思議な気分がしてくるのだった。

老婆は猫から教えられた、このくつろぎ方が大いに気にいったらしく、次の日もまた山へ夕涼みに行くと、きのうと同じ猫が来ていた。老婆は猫と一緒になって寝転がり、猫がするのを見習いながらからだを動かして戯れていた。

こうしたことが何日かつづき、短い夏が終わる頃には、老婆は猫の通力を得て高く跳び上がるばかりか、宙に浮いたりすることもできるようになっていた。老婆の目は猫のように鋭く光り、頭髪はすっかり抜けて、生えかわった時には頭ばかりでなく、全身に猫の毛が生えていた。

ひと夏、山で猫に教えられ、戯れているうちに、年を取った猫が得るという怪しい通力を得た老婆の異様な姿に、近所の人たちは驚いていた。

やがて老婆は山の上で、山河も崩れんばかりの雷鳴を轟かせると、暗雲を呼んで天に昇り、海を越えて対岸にある越後の弥彦山に移っていった。そして通力をふるって、ひと月もつづく大雨を降らせたので、村の人たちはすっかり困ってしまい、小祠をつくって怪猫になった老婆を神として崇め、「猫多羅天女」として祀った。すると毎日つづいた烈しい豪雨や雷鳴もやっとおさまって、空に忘れかけていた青い空がもどってきたのだった。

「猫多羅天女」は年に一度、海を越えて故郷の佐渡へ帰るが、その日は必ず激しい雷鳴が轟き、豪雨になるという。越後の弥彦神社の末社にある祠には「猫多羅天女の毛髪」といわれるものがあるという話である。（鳥翠台北茎『北国奇談巡杖記』）

（メモ）年を経た老猫から不思議な通力を得た人間が猫化し、さらに神として崇められるという話はきわめて珍しい。別話では、老婆は嫉妬で鬼女になったという話もあるが、猫とは関連はないが、越後弥彦山周辺に伝わる「妙多羅天女」の弥三郎伝説との類似、習合もみられる。

二十五　猫と鼠

110　頭を剃った猫と鼠（富山県）

むかし、富山県のある村の寺に、年をとった猫が飼われていた。

ある日のこと、和尚が朝の読経を終えて本堂から居間に戻ってくると、猫が和尚の前にきちんと足を揃えて畏《かしこ》まり、

「和尚さま、お願いがあります。おらぁ、このお寺に長いこと飼われ、たくさんの鼠をつかまえて、殺してきました。その罪ほろぼしと供養のために、お坊さんになりたいのです。和尚さまのように頭を剃ってください」

と、いうのだった。

「頭を剃れと？　そんなことは、たやすいことじゃ。だが坊さんになりたいというが、おまえはお経が読めんだろうに」

和尚が笑みをもらしながらいうと、猫は、

「お経くらい読めます。おらぁ、この寺にきてから、和尚さまで三代つかえてきましたが、そのなかでは和尚さんが一番お経をよむのがへたくそです」

ずばりというので、和尚は思わず頭に手をやって失笑してしまった。

「よし。それほどお経を読むのが上手だというなら、頭を剃ってやろう」

和尚はそういって、猫の頭の毛を剃り、にゃごん坊という坊主名までつけてやった。

望みを果たしてすっかり喜んだにゃごん坊は、それから朝夕本堂へいくと、灯明をあげて、和尚の隣りの座布団の上にちょこんと座り、一緒にお経を唱えて、お勤めをするようになった。

ある日のこと、和尚が外出したので、にゃごん坊は寺の留守居をすることになった。朝のお勤めがすむと、あとは夕べのお勤めまでなにもすることがないので、にゃごん坊は、

「よし。きょうはひとつ、説教の稽古でもしよう」

と考え、本堂にある和尚の座る高座にあがると、和尚の説教を思い出しながら、一生懸命稽古をはじめた。

その時天井裏を走りまわっていた鼠がふと足をとめて、天井の隙間から本堂のなかをのぞいた。

すると、いつもは和尚が座って説教をする高座に、頭を剃った寺の猫が澄ました顔で、なにやらいっているので、びっくりした。

「あいつ、だれもおらん本堂で、なにしとるんじゃな」

鼠は不思議に思いながら、首をのばしてもう一度見ようとすると、ほかの鼠が、

「なにか、いいものが、見えるのか」

と聞くので、本堂をのぞいていた鼠が、

「寺のあの猫めが頭を剃ってな、なにしとるんかと思ったら、説教の稽古をしとるんじゃ」

というと、

「どれどれ、おらにも見せろ」

何匹もの仲間たちが一度にのぞきこもうとしたので、一匹の鼠が押しだされて隙間から落ちてしまった。

ところが、こともあろうにその鼠の落ちたところは、にゃごん坊の頭の上だった。

にゃごん坊は、きらっと目を光らせると、爪をたてて起きあがった。にゃごん坊の頭の上に落ちた鼠は、肝がつぶれるほど驚いて床を走ると、ものすごい速さで柱を駆け登った。そして鴨居の上に逃れて、そこでやっと大きな息を吐いた。

にゃごん坊はそれを見て、

「回心《え》懺悔《しんざんげ》のこの猫に、なにが恐ろしうて鼠かくるるか」

というと、天井裏から落ちて九死に一生を得た鼠は鼠で、

「回心懺悔はよけれども、目《まなこ》も爪もいまだ変わらん」

といって、まだ全身で息をしていたという話である。(前出未来社版『日本の民話』)

111　猫と鼠と姑と嫁(沖縄県)

むかし、沖縄県八重山の竹富島に、目の不自由な母親と暮らしている男のもとへ嫁いでき

た娘がいた。

天候の悪い日が続くので、嫁は料理をつくるのに困っていた。ことにここ二、三日気分がすぐれないといって、伏せっている姑の食事に頭を痛めていた。

ふと土間の隅を見ると、水がめの端にミミズがいるのが目についた。嫁はそのミミズを料理に使うことにした。

「今日は特別おいしいイモズ（小さなタコ）の吸い物を作ったので、召しあがってください」

嫁はそういうと、床から起きあがってきた姑に食事を出した。姑は、

「天気の悪い日がつづくのに、よくイモズなどがあったね」

と喜んで、目が見えぬのに吸い物の入った碗を上手に手にとって、そのなかへ箸を入れようとした。

ちょうどその時外に出ていた息子が戻ってきて、母親が食事をしている居間へ顔を出した。

「母さん、今日はいい顔色をしてますな。それはなんの吸い物です」

と声をかけると、母親は笑顔で、

「イモズだよ」

という。だが、ひょいと目をやると、母親はイモズなどではなく、ミミズを箸でつかんで口にいれようとしているではないか。

息子は仰天した。

「母さん、だめだ。それはイモズではない。ミミズだよー」

大きな声をあげると、目が見えないはずの母親は、かっと両目を開き、怒りをあらわにし

て、大きな猫に変わった。男の本当の老母は数年も前にこの化け猫に喰い殺され、その化け猫が老母に化けつづけていたのである。化け猫は台所にいる嫁のところへ突っ走っていった。台所にいた嫁は、夫の「ミミズだ」という声に驚き、ぶるると激しく身ぶるいをしたかと思うと、次の瞬間には鼠の姿となって、台所から外へ逃げだそうとした。

そうはさせじと猫は飛びついて、鼠となった嫁を咬み殺してしまった。このことがあってから、猫と鼠は敵同士となり、姑と嫁の仲も悪くなりがちになったという話である。（崎山毅『蟷螂の斧』）

112 猫と鼠の相討ち（長野県）

信州上田のある寺で、一匹の猫を飼っていた。

この猫は気性が荒く、近所の猫を脅しては怪我をさせたり、喧嘩をふっかけ相手を殺すこともあったので、

「お寺のあの猫は恐ろしい猫またじゃ」

と、いいふらすものがいるほどだった。

それゆえ、寺にはよく苦情が持ちこまれてきた。和尚はそのたびに、平謝りに謝っていた。そんな猫は寺から追いだすか、山奥へ棄ててくればいいという声もあったが、そんな情のないことは仏の道にはずれると、和尚はそのまま猫を飼いつづけていた。

　ある日のこと、寺へ野菜を売りにきた男がこの猫を見て、こんな逞しい相《そう》を持った猫は見たことがないと、すっかり感心してほめたたえた。和尚はこれさいわいと、所望するなら進ぜようというと、男は喜んで何度も礼を述べ、猫を貰い受けて帰っていった。

　数日が過ぎると、猫を連れていった野菜売りの男が、人参や大根を持って寺に礼にきた。おかげさまで、多年にわたる災いからやっとのがれることができたというので、和尚が不審に思って尋ねると、こんな話をするのだった。

「実は、わたしの家に大きな性悪な鼠が一匹棲みついており、米や食べ物を食い荒らす、器物はかじりまくるわの、勝手放題でした。

　家には八十になる年老いた母親がひとりおりますが、この鼠のため、毎晩のように髪の毛をむしられる始末です。追っても追っても出てくるので、わたしが商《あきな》いで昼間外に出ておる時は、老母を近所の家に預けなければならないほどでした。

　いろいろ工夫して、仕掛けもしてみたのですが、なかなか悪知恵がはたらく鼠で、仕掛けのところへは近寄りません。猫に捕らせようと思い、あちこちから借りましたが、かえって鼠の方が猫に跳びかかっていくのです。これまでに喰い殺された猫が何匹もいるほどで、ほとほと困っていたところです。

　あの猫を、お寺さんからいただいて帰り、鼠にたちむかわせると、しばらく互いに相手を見やっておりましたが、そのうちに鼠の方から跳びかかっていきました。じっと睨んでいた猫は跳びあがってこれを迎えうつと、いきなり鼠の咽元に喰らいついていきました。二匹はからみ合い、激しいもみ合いとなりましたが、猫は鼠の咽元に喰らいついたまま離しません。

もみ合っているうちに鼠も猫の咽あたりに喰らいついて、上になり下になり、左右に転がったりしていましたが、ついに両方とも力尽き死んでしまったので、二匹とも葬ってやりました。鼠は退治してくれましたが、いただいた猫を死なせてしまって申しわけありません……」

野菜売りの長い話を黙って聞いていた和尚は、両手を合わせて合掌した。

野菜売りの男が猫と鼠を葬ったという二つの塚は、善光寺街道の上田と坂木の間にあって、なぜかその地は鼠宿と呼ばれているという話である。（菊岡沾涼『諸国里人談』）

（メモ）猫と大鼠の一騎打ちの伝説は、ほとんどの場合、相討ちという結果に終わるようである。

113 母猫と鼠の子（東京都）

江戸は神田松枝町に住む大工職の保五郎の家の猫が、牡の子猫を二匹産んだが、産後の肥立ちが悪く、毎日ぐったりしていた。

保五郎の妻のよしは心配して、近くの薬種屋へいき、猫の好物のまたたびの粉を買い求めた。その帰り道、長屋の路地の下水板の上に生まれてまもない鼠の子が一匹落ちているのを見つけたよしは、その鼠の子をからだが弱っている母猫にたべさせようと、拾って家に持ち帰ってきた。そして母猫にあてがったところ、母猫は喜ぶどころか、その鼠の子を舐めまわし、抱きかかえて乳を呑ませるのだった。

自分が産んだ猫の子と同じように、鼠の子にも乳を与えるので、やがて三匹とも仲良く育ち、よくじゃれあって遊ぶようになった。

三匹のいわば義兄弟のこの子たちの母猫には、おかしなところがあった。自分が育てている鼠の子は可愛がるものの、ほかの鼠はとり喰い、子猫にも食べさせるのだ。鼠の子は母猫を慕って、ほとんど離れずに、いつもそのそばにいた。その鼠の子を狙ってよその猫がやってくると、母猫は激しく威嚇して、相手を決して近くにはこさせなかったという話である。

（『藤岡屋日記』）

（メモ）母猫が鼠の子を育てるという話は、昔からよくある話だが、三十年ほど前に、長崎県西彼杵のある家に飼われている母猫が、親を失った三匹の狸の子に乳を与えている珍しい映像をテレビで見たことがある（昭和五十七年、一九八二年夏）。
また犬が授乳して子猫を育てた話もある。産後に母猫が死んでしまったので、狆《ちん》に預けて授乳させ養わせたところ、子猫は無事に成長したが、高いところへ飛びあがることができず、狆の性をあやかったという。（前出『譚海』）

114 ある母猫の愛（北海道）

江戸時代後期の旅行家・民俗学者として知られる菅江真澄の『遊覧記』に「えみしのさへき」という蝦夷地江差での旅の記述（寛政元年、一七八九年六月四日）があり、そのなかに、次のような件《くだ》りがみえる。

法華寺の日正上人のところへ出立の挨拶にいった時、真澄は江差滞在中に白い犬が鼠狩りをするところを見かけて、おどろいた。ほとんどの犬が捕らえて咬み殺した鼠をそのまま打ち捨てるのに、その白い犬は飛びかかって捕えた鼠を「ひしひしとみな噛み殺してから残りなく全部食ってしまった」という。あんな犬は初めて見たという真澄に、上人は次のような猫の話を聞かせたのだった。

「江差の茂志利《もしり》というところの大工の家に変わった猫がいて、この牝猫が四、五匹の子を産んだ。この母猫は、鼠の子が梁《はり》の上の巣から落ちかかったのを爪にひっかけて、つとくわえ、無造作に食うのだと思ったらそうではなく、自分の産んだ子のなかにいれて一緒に並べて自分の乳を飲ませて養いはじめたのである。こんな例はまたとなく、不思議な珍事だと、人々は毎日集まってきて見物した。こうして十日ほどたった頃、この猫が外に出たわずかの間に隣りの牡猫がやってきて、ようやく目が開いたばかりの鼠の子を子猫のなかからつまみ出し、喰ってしまった。帰ってきた母猫は子鼠がいないのをみて、ねうねうと鳴きながら探しまわり、あろうことか、自分の子にさえ乳を与えずに、鳴き騒いでいたという」

「上人は指を折ってみて、『それは三十年も前のむかしのことで、家は、とある大工のところだが、名を何といったか忘れた』と語ると、ちょうど仏前に供物をもってきてこの物語を聞いていたひとりの老人が、『その大工の名は、長四郎と申していた』といった。世間に例のない話である」

二十六　猫と犬

115 猫と犬と河童（長崎県）

むかし、長崎県の小浜に、たいへん怠け者の男がいた。嫁はもらっていたが、働く気はまるでなく、朝からだらしなく寝転んだり、飼っている猫や犬をかまったりして遊び暮らしているのだった。

見かねた伯父が元手は出すから少しは働いてみろというと、男はやっとその気を起こした。そして魚売りをやってみようと考えた男は、魚市場へ出かけて、獲れたばかりの一番大きな鯛を一尾仕入れ、魚に土がついているので海辺で洗っていると、魚が急に暴れだして逃げてしまった。

男が家に帰ると、また伯父がやってきて、もう一度元手を出してくれたので、今度は慎重に仕事をしようと考えた。

翌日のこと、仕事を捜しに家を出ると、見知らぬ男が近づいてきて、妙なことをいった。自分は龍宮からの使いのもので、男を迎えにきたというのだ。男は、

「龍宮へは一度いってみてえと思っておるが、海の底にあるのでいくことができぬ」

というと、使いの男は自分と一緒ならなにも心配することはないといって、目を閉じさせ、手を引いて海に入り、男を海の底にある龍宮へ案内した。

龍宮に着くと、美しい乙姫が出迎えてくれた。男は乙姫に、

「あなたは、わたしの使いである鯛を逃がしてくれた恩人です」

とお礼をいわれ、真鍮の指輪を渡された。

その指輪は、指につけて右にまわすと米蔵と金蔵が出てきて、左にまわすと大きな家が出てくるという魔法の指輪だった。

男はその指輪をもらって、喜んで家に帰ってきた。そして指にはめた指輪をぐりっと左にまわしてみると、目の前に大きな二階建ての家が現われた。次に右にぐりっとまわすと、今度はお金がいっぱいつまった金蔵と米蔵が現われた。男は面白くなって、もう一つ金蔵を出そうと思って、力をこめて指輪をぐりっと廻すと、蔵は現われたが、その金蔵は空っぽだった。男は空っぽの蔵のなかへ櫃《ひつ》を置くと、そこへ指輪を大事にしまっておくことにした。

ある日のこと、男の留守中に嫁が蔵のなかに入り、櫃のなかに隠してある指輪を見つけた。ちょうどそこへ沖の島から飴屋がやってきたので、指輪を飴玉と取りかえてもらった。

家に帰ってきた男は、蔵のなかの櫃を開けてびっくりした。そして嫁の話を聞くと、烈火の如く怒りだした。

「あの指輪は、宝ものの魔法の指輪じゃ。この家も蔵も、みなあの指輪のおかげなんじゃ。それを飴玉と取りかえて嘗めてしまったなんて、どうしてくれるんじゃ」

男と嫁の大喧嘩のやりとりをそばで聞いていた猫と犬は、その指輪を取り返してくれれば、いままでよりもっと可愛がってもらえるに違いない、おいらたちで取り返してこようと相談して、沖の島へ出かけていった。

島へ渡ってみると、飴屋の家はすぐに見つかった。様子をうかがうと、飴屋は行商に出ているのか留守だった。猫が家のなかへ入ってみると、幸いなことに目の前の棚の上に真鍮の指輪が置いてあった。

ところが、指輪をどちらが持って帰るかという段になると、猫も犬も功名をたてたいあまりに、自分が持っていくといってゆずらない。

結局、指輪を発見した猫が持って帰ることになり、猫はしっかり指輪をくわえると、脇目もふらずに海へ泳ぎだした。すると途中で、おいしそうな魚がなまめかしくからだを動かして目の前を通りかかった。猫がたまらなくなって思わず口を開くと、指輪は海のなかへ落ちていった。

そこでまた海のなかで猫と犬の喧嘩がはじまったが、その時、二匹の間に、河童が顔を出した。河童はなぜか、真っ赤な顔をして怒っていた。

「おい、おい。あんなもんを海の底へ落としちゃ困るぜ。ぴかぴか光って、まぶしくてよ。危なくて、潜ることも泳ぐこともできん。早く拾って持ってってくれ」

ところが、猫も犬も水のなかに潜ることができない。そこで河童にとってきてもらうと、今度は犬が指輪を口にくわえ、猫を背に乗せて、走って家に帰ってきた。そして、指輪を男に手渡すと、男は喜んで嫁にうまい料理を作らせ、猫と犬に満腹してもう喰えないというほどご馳走をしてやったという話である。（関敬吾『島原半島昔話集』）

（メモ）「昔話・伝説話型」の「犬と猫と指輪」にあたる一話である。なお、河童のかわりに猫に甲羅を押えつけられた蟹の親分が、蟹の子分たちに命じて川のなかに落とした指輪を探させるという鹿児島県に伝わる話もある。

116 犬と猫の報恩（秋田県）

むかし、秋田県のある村に、心根のやさしい老夫婦が住んでいた。

この夫婦には子どもはなかったが、もう長いこと仲のいい猫と犬を飼っていた。

ある日の夕方のこと、貧しい身なりの坊さんがやってきて、一夜の宿を乞うた。部屋のなかへ通すと、坊さんは仏壇にむかって熱心にお経を唱えはじめた。

翌朝、坊さんが家を出てからしばらくたって、老婆が仏壇の上に小槌が置き忘れられていることに気づいた。

坊さんが家を後にしてから、かなりの時がたっていたし、どっちに向かったのかもわからない。夫婦は坊さんがそのうち気がついて取りに戻ってくるだろうと思い、大切に預かっておくことにした。

ところがある日のこと、別の若い坊さんがやってきて、一夜の宿を願った。

若い坊さんも寝る前に仏壇の前に座ってお経を唱え、次の日の朝早く発っていったが、その後を見てみると、仏壇の上に置いておいた小槌が消えていた。

大切な預かりものがなくなって、爺と婆はあわてた。すぐに外へ出て坊さんの後を追ったが、見つけることはできなかった。

二人が落胆して戻ってくると、庭にいた犬と猫が話をしていた。日頃の恩返しをするのはこの時だ、と。二匹は老夫婦に代わって若い坊さんの行方を捜した。だが、一日中捜しまわっても見つけることができなかった。

二匹ががっかりして家に戻る途中、海辺の村を通ると、漁師たちがたくさんの大きな鯛をとって、海から陸へあげているのに出会った。

爺と婆に土産がなかったので、猫はそのなかの一尾を失敬すると、犬の背中にかじりついて大急ぎで家に帰ってきた。

爺と婆は自分たちの不注意で預かっている小槌がなくなったことを悔やんだが、もうどうする手立てもなかった。あきらめることにして、犬と猫が土産にもってきた大きな鯛を料理し、みんなで食べようと腹に包丁を立てると、ガギリと刃が何か堅いものに当たった。

石かと思って取りだしてみると、それはなんと、仏壇の上から消えたあの小槌だった。

爺はうれしさのあまり手にとった小槌にむかって頭を下げ、思わず忘れていった坊さんにもう一度会って小槌を早く返したいと願った。するとその願いがつうじたのか、何日もしないうちに爺と婆の家へ小槌を忘れていったあの坊さんがやってきたのだ。

坊さんが忘れていった小槌は、願いごとを唱えると何でも望みがかなう、不思議な小槌だった。坊さんは心根のやさしい正直な爺と婆にその小槌を与えようといったが、ふたりは自分たちには、この仲のよい猫と犬もいるから十分幸せで何も欲しいものはないと、その不思議な小槌をどうしても受けとらなかったという話である。（武藤鉄城「羽後・角館地方の昔話集」、「旅と伝説」昭和十六年五月号）

付録

小林一茶猫句抄（二八二句）
猫をめぐる略年表

小林一茶猫句抄（二八二句）

採句出典書目（年代順）

「西国紀行」（寛政七年、一七九五年）
「急逓紀」（寛政十～文化六年、一七九八～一八〇九年）
「享和句帖」（享和三年、一八〇三年）
「文化句帖」（文化一～五年、一八〇四～一八〇八年）
「文化五～六年句日記」（文化五～六年、一八〇八～一八〇九年）
「七番日記」（文化七～文政一年、一八一〇～一八一八年）
「随斉筆紀」（文化八～文政十年、一八一一～一八二七年）
「志多良」（文化十年、一八一三年）
「だん袋」（文政一～六年、一八一八～一八二三年）
「八番日記」（文政二～四年、一八一九～一八二一年）
「文政句帖」（文政五～八年、一八二二～一八二五年）
「浅黄空」（寛政五～文政五年、一七九三～一八二二年）
「一茶自筆句集」（寛政五～文政八年、一七九三～一八二五年）
「一茶句集」（希杖本筆写）
「一茶留書」（自筆本は不明、明治十五年、一八八二年写本）
「素丸発句集」（寛政八年？　一七九六年？）

（「一茶留書」「素丸発句集」は「一茶全集」別巻「補遺」に収録されている。以上の出典は、「一茶全集」全八巻別巻一、信濃教育会編集、信濃毎日新聞社、昭和五十四年～刊、による）

猫飼《かは》ず罪作らじを雀《すずめ》の子　（「西国紀行」以下同）
しら菊《ぎく》に秘蔵の猫のたまく哉

雪汁にぬれて鳴《なく》也猫の妻　（「急逓紀」）

七日目にころ〳〵もどる猫子哉　（「享和句帖」）

正月〔や〕猫の塚にも梅の花　（「文化句帖」以下同）
あの藪が心がかりか猫の鳴
恋せずばあだち《安達》が原の野猫哉
妻乞《つまごひ》や一角《ひとかど》とれしのらの猫
のら猫も妻かせぎする夜也けり
山猫も恋は致すや門のぞき
山猫や恋から直《すぐ》に里馴《な》るゝ
のら猫も妻乞ふ声は持《もち》にけり
梅がか《香》にうかれ出《いで》けり不性《精》猫

（「文化五、六年句日記」以下同）

桃の門《かど》猫を秤《はかり》にかける也
わせ《早生》わら《藁》や猫から先へ安堵《あんど》顔
懐の猫も見て居る一葉哉
どら猫のけふもくらしつ草の花
鶯《うぐひす》のなまりを直せ猫の恋
有明や家なし猫も恋を鳴《なく》
恋せずば大山猫と成《なり》ぬべし
鍋《なべ》ずみを落〔とす〕気もなしうかれ猫
桃咲《さく》や御寺の猫のおくれ恋
のら猫のうかるゝ梅が咲にけり
猫の鈴ぼたんのあつちこつち哉

（「七番日記」以下同）

猫なくや中を流るゝ角田川
火の上を上手にとぶはうかれ猫
むさしのや只《ただ》一つ家のうかれ猫

庵の猫玉の盃《さかづき》そこ《底》なきぞ
大猫よはやく行け〱妻が鳴
なの花にまぶれて来たり猫の恋
菜の花も猫の通ひぢ吹《ふき》とぢよ
化けるなら手拭《てぬぐひ》かさん猫の恋
あまり鳴て石になるなよ猫の恋
うかりける妻をかむやらはつせ猫
うかれ猫奇妙に焦《じれ》て参〔戻〕りけり
梅のきず桜のとげや猫の恋
金輪《こんりん》歳《際》思切《おもひきつ》たか猫の顔
蒲公《たんぽ》〔英〕《ぽ》の天窓《あたま》はりつ丶猫の恋
釣り鐘を鳴《なき》笛を鳴《なく》猫の恋
つりがねのような声して猫の恋
猫の恋打切棒に別れけり
あれも恋ぬすつと猫と呼《よば》れつつ
うかれ猫いけんを聞て居たりけり

うかれ〔猫〕狼《おおかみ》谷を通りけり
嗅《かい》で見てよしにする也猫の恋
恋序《ついで》よ所《そ》の猫とは成にけり
恋ゆへ《ゑ》にぬすつと猫と呼れけり
鼻先に飯粒つけて猫の恋
我窓は序に鳴や猫の恋
うかれ〔猫〕どの面《つら》さげて又来たぞ
有明《ありあけ》にかこち顔也夫婦猫
庵の猫しやがれ声にてうかれけり
うかれきて鶏《とり》追まくる男猫哉
浄はりの鏡見よ〳〵猫の恋
竹の雨ざつぷり浴て猫の恋
寝て起て大欠《あくび》して猫の恋
ばか猫や身体ぎりのうかれ声
家根《やね》の声見たばかり也不性《精》猫
山寺や祖師のゆるしの猫の恋

（注、「浄はりの鏡」は、閻魔の鏡のこと）

よい所があらば帰るなうかれ猫
我《わが》猫が盗みするとの浮名哉
朝飯を髪にそよ〱猫〔の〕恋
闇《くらき》より闇に入るや猫の恋
面《つら》の皮いくらむいてもうかれ猫
盗喰《ぬすみぐひ》する片手間も猫の恋
ばか猫や縛《しばら》れながら恋を鳴
松原に何をかせぐぞ子もち猫
親としてかくれんぼする子猫哉
猫の子や秤《はかり》にかゝりつゝざれ《戯》る
猫洗ふざぶ〔ざぶ〕川や春の雨
陽炎に何やら猫の寝言哉
陽炎にくい〱猫の鼾《いびき》かな
陽炎や縁からころり寝ぼけ猫
陽炎や猫にもたかる歩行神《あるきがみ》
御影講や泥坊猫も花の陰

鶯や《は》枝に猫は御ひざに
蝶〔々〕や猫と四眠《しみん》の寺座敷
のら猫よ見よ〳〵蝶のおとなしき
桶伏《をけぶせ》の猫を見舞《みまふ》やとぶ小蝶
大猫の尻尾《しつぽ》でじやらす小てふ哉
折々に猫が顔かく木の目《芽》哉
婆々《ばば》猫よお《を》どりばかさん梅の花
のら猫に引かゝれけり梅の花
梅咲くやせう《しよ》じに猫の影法師
づう〳〵と猫の寝こぶ〔扇〕哉
猫ともに二人《ふたり》ぐらしや朝蚊やり
虫干に猫もほされて居たりけり
老《おい》猫の蛇《へび》とる不性《承》〳〵哉
子を喰《くら》〔ふ〕猫も見よ〳〵けしの花
葉がくれの瓜と寝ころぶ子猫哉
ぼつ〳〵と猫迄帰る夜寒哉

のら猫が夜永仕事かひたと鳴く
大猫の口かせぎする刈田《かりた》哉
恋猫の片顔見ゆる小夜砧
猫の飯打《うち》くらひけりきり〴〵す
猫蔵が鼻あぶる也菊の花
のら猫も宿と定《さだむ》る萩の花
山里や昔かたぎの猫と萩哉
猫の子のかくれぼする萩の花
ぶち猫も一度寝にけり萩の花
我庵や竹には鳥萩に猫
年の中に春は来にけり猫の恋
雪ちるや夜の戸をかく秘蔵猫
其《その》次に猫も並ぶや衣配《きぬくばり》
猫の子のざれ《戯》なくしけりさし柊《ひらぎ》
綿くりやひよろ〔り〕と猫の影法師
白〳〵と猫呼りつゝ衾かな

安房《あはう》猫おのがふとんは知《しり》にけり
佗《わび》ぬれば猫のふとんをかけにけり
旅すれば猫のふとんも借《かり》にけり
凩のおち葉ちよい〳〵猫〔が〕押へけり
恋猫の屎《くそ》ほり埋《うめ》るおち葉〔哉〕
江戸猫のあはたゞ《わ》しさよ角田川
斯《か》うかけと云ぬばかりか猫に竹
恥入てひらたくなるやどろぼ猫
三日して忘《わす》られぬかのらの猫
寝たなりや猫も杓子も春〔の〕雨
仕合《しあはせ》な猫と杓子よ冬牡丹
小夜砧見かねて猫もうかれけり
猫の子の命日をとふ小てふ哉
髭前《ひげさき》に飯粒つけて猫の恋
鶯や桶をかぶつて猫はなく
猫の子が蚤すりつける榎《えのき》かな

紅梅にほしておく也洗ひ猫
我宿《わがやど》の蠅とり猫と諷《うた》ひけり　（「随斉筆紀」以下同）

どの家根の窓がおもひぞ猫の鳴《なく》
火傷《やけど》猫かくても春は忘れぬか
草の戸の菖蒲《しょうぶ》や猫の手もとゞく

まふ蝶にふり直さぬ野猫哉　（「志多良」）

小庇の薪と猫と雪解哉　（「だん袋」以下同）
親猫が蚤を嚙《か》んでくれにけり

おどされて引返す也うかれ猫　（「八番日記」以下同）
門の山猫の通《かよひ》ぢ《路》付《つき》にけり
通ふにも四方山也寺の猫
こがれ猫恋気ちがいゝ《ひ》と見ゆる也

縛られて鼾《いびき》かく也猫の恋
関守が叱り通すや猫の恋
門番が明てやりけり猫の恋
汚《よご》れ猫それでも妻は持にけり
恋猫や恐れ入たる這入口《はいりぐち》
鳴た顔げそりかくして猫の恋
猫の恋人のきげんをとりながら
のら猫の妻乞《こふ》声は細〴〵と
のら猫〔の〕妻のござるはなかりけり
人の顔け《気》び《引》へ《い》て見ては猫の恋
うかれ猫天窓《あたま》はりくらしたりけり
飛《跳》ぶ工夫猫がしにけり恵方棚
門礼や猫にとし玉打《うち》つける
とし玉の上にも猫のぐる寝哉
春雨や猫にお《を》どり〔を〕をしへる子
かくれ屋や猫にもすへ《ゑ》る二日灸《ふつかきゆう》

寝並んで小蝶と猫と和尚哉
子を連《つれ》て猫もそろ〳〵御祓《みそぎ》哉
痩蚤《やせのみ》を振《ふる》や猫も夕祓
猫の子のほどく手つきや笹粽《ささちまき》
芝原にこすり付《つけ》るや猫の蚤
蚤噛《か》んで寝せて行也《ゆくなり》猫の親
でく〳〵と蚤まけせぬや田舎《いなか》猫
猫の蚤はら〳〵戻《もど》る夜さり哉
猫の寝た迹《あと》もつかぬぞ苔の花
箏の面《つら》かく《掻》猫の影法師
堀の猫庇の桶やむら若葉
若葉して猫と烏と喧嘩哉
あの虫や猫にねらはれながら鳴
一方は猫の喧嘩やむしの声
猫の子や萩を追なりおわ《は》れたり
呼《よぶ》猫の萩のうら〔から〕にやん〳〵哉

小林一茶猫句抄

鬼灯《ほおづき》を膝の小猫にとられけり
猫の子のまゝ事をするすゝき哉
猫又《ねこまた》の頭こつきり木の実かな
団栗とは《跳》ねつくらする小猫哉
ばか猫や逃たいが栗見にもどる
初雪や猫がつら出スつぐらから
初雪を着て戻りけり秘蔵猫
煤竹にころ〳〵猫がざれにけり
猫連て松へ隠居やすゝはらひ
かくれ家や猫が三疋もちのばん
のし餅の中や一すじ《ぢ》猫の道
はねもちや猫ふん付《づけ》て歩く也
御仲間に猫も坐《座》とる年わすれ
一《ひと》袋猫もごまめの年用意
一番に猫が爪とぐふすま哉
小蒲団《ぶとん》や猫にもたるゝ足のうら

百敷《ももしき》の都は猫もふとん哉
猫の子のくる〱舞《まひ》やちる木のは
猫の子のちよいと押《おさへ》る木の葉かな
ぶち猫に追《おは》れ序《ついで》や火とり虫
ひな棚にちよんと直《なほ》りし小猫哉
門畠や猫をじらしてとぶ木の葉
かくれ家や猫〔に〕も一ツ御年玉
こがれ猫恋気ちがい《ひ》と見ゆる也
縁の猫勿体《もったい》顔やきくの花

うかれ猫天窓《あたま》はりくらしたりけり　　（「文政句帖」以下同）
大猫が恋草臥《くたびれ》の鼾《いびき》かな
大猫や呼出しに来て作り声
恋猫の鳴かぬ顔してもどりけり
恋猫や互《たがひ》に天窓《あたま》はりながら
恋猫や竪横《たてよこ》むらを鳴歩行《なきあるく》

格子《かうし》からけ《気》引《びい》て見るや猫の恋

さし足やぬき足や猫も忍ぶ恋

四五尺の雪かき分《わけ》て猫の恋

猫どもや天窓《あたま》張りくらしても恋

不性《精》猫きゝ耳立《たて》て又眠る

山猫も作り声して忍びけり

夜つぴいて泣《ない》た顔す〔る〕猫の恋

雨の夜や勘当《かんだう》されし猫の恋

浄破利《じようはり》（玻璃）のかゞみは見ぬか猫の恋

垣の梅猫の通ひ路咲《さき》とぢよ

掛縄《かけひも》に上断《冗談》しながら猫の恋

通路《かよひぢ》も花の上也やまと猫

恋猫が犬の鼻先通りけり

恋猫や口なめづりをして逃る

恋猫や答へる声は川むかふ

恋猫や縄目《なはめ》の恥〔を〕かきながら

鳴ぞめによしといふ日か猫の恋
恋すれば盗人猫といはれけり
猫鳴や塀をへだてゝあはぬ恋
夜もすがら猫も人目を忍〔ぶ〕恋
母猫が子につかはれて疲れけり
女猫子ゆへ《ゑ》の盗《ぬすみ》とく逃よ
母猫や何もて来ても子を呼る
人中を猫も子故のぬすみ哉
蝶《てふてふ》を尻尾《しつぽ》でなぶる小猫哉
なりふりも親そつくりの子猫哉
猫の子の十《とお》が十色《といろ》の毛なみ哉
若猫がざらしなくすや桑李《すもも》
元日や闇《くら》いうちから猫の恋
年玉やかたり猫に〔ぞ〕打つける
初夢に猫も不二見る寝やう哉
一《ひと》はなに猫がいねつむ坐《座》敷哉

のら猫の爪《つめ》とぐ程や残る雪
犬猫も同坐《ざ》して寝る雛哉
親雀子を返せとや猫を追ふ
猫の飯相伴《しょうばん》するや雀の子
鶯や猫は縛《しば》られながらなく
穴を出る蛇の頭や猫がはる
梅さくやごまめちらばふ猫の墓
大猫が尿《しと》かくす也花の雪
御袋《おふくろ》は猫をも連れてちのわ哉
笹粽猫が上手《じょうず》にほどく也
よい猫が爪かくす也夏坐《座》敷
塗盆《ぬりぼん》に猫の寝《ね》にけり夏坐《座》敷
かつしかや猫〔の〕逃込《にげこ》むかやのうち
安房猫《あはうねこ》蝿をとるのが仕事哉
なぐさみに猫がとる也窓の蝿
猫の子の首にかけたり袋蜘《ふくろぐも》

花茨《いばら》ちよっけいを出す小猫哉
摂待や猫がうけとる茶釜《ちやがま》番
猫のとり残しや人のくふ蚤
極月《ごくげつ》や廿九〔日〕の猫の恋
猫の穴から物をかふ寒〔さ〕哉
猫の穴から物買て冬籠
猫の目や氷の下に狂ふ魚《うを》
うら町や大卅日の猫の恋
霜の夜や窓かいて鳴く勘当猫
つゞらから猫が面《つら》出すいろり哉
小隅から猫の返しや衣配《きぬくばり》
ぐろにやんと猫も並ぶや衣配
膳先の猫にも年をとらせけり
相《しよう》ばんに猫も並ぶ薬喰
面《つら》はつてけ引《気びい》て見るか猫の恋
猫の子のざれ損ひや草の露

鳴ぞめによしといふ日か猫の恋
恋猫のぬからぬ顔でもどりけり　（「浅黄空」以下同）
髭前《ひげさき》に飯そよぐ也猫の恋
盗ませよ猫も〔子〕ゆへの出来心
猫塚〔に〕正月させるごまめ哉
福俵よい事にして猫ざれる
紅梅《こうばい》や縁にほしたる洗ひ猫
連て来て飯喰はせけり猫の妻　（「一茶自筆句集」以下同）
乱〔れ〕荻鹿のつもりに寝た猫よ　（「一茶句集」）
鏡見ていざ思きれ猫の恋
両方に髭《ひげ》が有也猫の恋　（「一茶留書」以下同）

一ト刀ゑぐる声ありねこの恋
築山に浪は超《え》へしと猫の恋
恋猫に死ねとの鐘の雨夜哉
柱にも百夜《ももよ》の数をねこの恋
気の付かぬ鹿に聞とや猫の恋
曾根崎の辺り尋ねよねこの恋
粥杖のあまり喰せん猫の恋
蝶を撲《うつ》猫の工《たく》みや空寝入
猫の目の闇やしのびて瓜畠

（「素丸発句集」以下同）

猫をめぐる略年表

年	記事
７０５年（慶雲二年）	九月十五日、突然世を去った豊前国（福岡県）の小領の次官膳臣《かしわでのおみ》広国は、三日後に蘇生した。地獄での一日はこの世での一年で、広国は父親と出会う。父は黄泉国での体罰や食の苦しみなどを語り、三年後猫となってこっそり自宅に侵入して、やっと空腹を満たしたという（『日本霊異記』）。
８８９年（寛平元年）	二月六日、仁和元年（八八五年）唐土から渡来した黒猫を宇多天皇が愛育し、その姿体や習性を丹念に日記に記す。家猫の科学的観察記録の嚆矢という（『寛平御記』）。
９９９年（長保元年）	九月十九日、宮中で子猫が生まれ、人と同じような誕生儀式を行ない、猫の守り役に女官を任命。猫は五位の位を受け、「命婦《みょうぶ》のおもと」と名づけられる（『小右記』、『枕草子』ほか）。
１０２２年	四月、夜半に火災が起き、菅原孝標の娘たちが愛育していた猫が焼死する（『更級日記』）。

（治安二年）	
1025年（万寿二年）	十一月末日、小野宮右大臣藤原実資の愛娘が鼠に左の人差指をかじられる。侍医の和気相成は中国本草の漢方療治で、猫の糞の黒焼きを傷口につけることを進言する（『小右記』）。
1077年（承暦元年）	猫を見ると逃げ出すほどの猫嫌いで、「猫恐《ねこおじ》の大夫」といわれた山城・大和・伊賀三国にわたる大荘園の領主藤原清廉は、年貢米未納などを謀ったが猫がいる一室に押し込まれ、ついに観念して納付したという（『今昔物語』）。
1135〜40年（保延年間）	宰相中将の乳母が飼っていた猫は大猫で力も強く、綱を断ち切ってしまうので繋ぐことができず、放し飼いにしていた。十歳あまりの時から夜になると背中から光を発するので、乳母はいつも猫にむかって「死ぬ時は姿を見せぬように」と言い聞かせていたところ、七年後に家を出て、行方知らずになったという（『古今著聞集』）。
1142年（康治元年）	八月六日、保元の乱の首謀者といわれる藤原頼長は、二十三歳の時に十歳で死んだ愛猫を自分の衣に包み、櫃に入れて葬った。また、「僕少年猫ヲカフ。猫疾アリ。即チ千手ノ像ヲ画キテ之ニ祈」ったという（頼長の日記『台記』）。
1150年	七月、近江国（滋賀県）甲賀郡と美乃国（岐阜県南部）の山中に「奇獣」が出る。夜になる

（久安六年）	と村に群れになって入ってきて子供を咬んだり、大人の手足をかじる。土地の人たちはこれを「猫」と呼んだ（藤原通憲『本朝世紀』同月二十七日の条）。
1186年 （文治二年）	八月十五日、西行は、鎌倉で頼朝と会見。その折りに銀で作った猫を拝領するが、帰途それを門前の童に与えたという（『吾妻鏡』）。同書には翌三年八月二十一日夏、頼朝に焼かれた藤原泰衡の平泉の館の宝物蔵にこの銀の猫があったという。
1207年 （承元元年）	七月四日、藤原定家の愛猫、飼い犬に咬み殺される。「悲慟之思、人倫に異ならず」と記す（『明月記』）。
1233年 （天福元年）	八月、夕刻奈良からきた小童の使者が言う。「南都ニ猫股獣出来リテ一夜ニ人ヲ食フコト七、八人。死者多シ。アル人打殺セシニ件ノ獣猫ノ如ク、ソノ体犬ノタケノ如シ」（『明月記』八月二日の条）。これが猫またの初出である。
1254年 （建長六年）	嵯峨（京都府）の観教法印の山荘では、どこからともなく迷い込んできた美しい唐猫を飼っていた。ある時秘蔵の宝刀を取り出して遊ばせているうち、猫はそれをくわえて逃げ出し、家人たちが追ったが行方がわからなくなった。あの可愛い猫は魔物が化けたものか、奪った宝刀で多くの罪を犯していないか、心配で恐ろしかったという（『古今著聞集』。年号不詳につき、同書成立年を記す）。

1355年（正平十年）	八月二十八日、京都・加茂神社境内で、鶏多数集まって時を告げ、猫が群集、狐も数百匹集まって不気味に鳴いたという（藤沢衛彦『図説日本民俗学全集』）。
1577年（天正五年）	五月七日、信長の鷹狩り用の鷹の餌に猫を与えた（『多聞院日記』）。
1592年（文禄元年）	「文禄慶長の役」で、秀吉の命を受けて朝鮮へ出陣した十七代島津藩主義弘の軍団に七匹の猫が従軍。猫は瞳の大きさの変化で時を知らせるというので「陣中時計」の役を勤める。生還は二匹のみだった（島津忠重『炉辺南国記』）。
1602年（慶長七年）	八月、京都一条の辻に、次のような高札が立つ。「一、洛中猫の綱をとき、放ちかひにすべき事。一、同じく猫うりかひ停止の事。此旨相背くにおいては、堅く罪科に処せらるべきものなり」（『猫の草子』）。
1608年（慶長十三年）	五月十三日、「他人のねこはなれたるをつなぎ候儀、一切停止之事」（『毛利家文書』）。
1636年	「一、町中ノ猫放飼ニ被仰付候間、人ノ猫ツナギ申間敷事。一、猫売買仕候、但他国又山家

（寛永十三年）	里方ヨリ猫モラヒ申候者、一町ヘ相断可申候。一、猫盗ミ替猫ナドニ仕間敷候。右三条之趣相背ニ於テハ過銭トシテ銀子一枚可被召上候由。子十一月二十六日」（『拾椎雑話』）。
1647年（正保四年）	小田原の医家鵜羽山梅庵の実家で起こった猫の怪異は、四月二十四日の夜に始まり連日のように半年も続いた。病床の祖母が長年飼っていた愛猫は恩を忘れ、祖母の咽元に噛みつこうとする怪猫となり、次つぎと怪異を起こした。一夜に百六十回、一昼夜に三百七八十回も家を激しくゆすることもあって、祖母を介護する孫息子梅軒を悩ませる（『我衣』）。
1670年（寛文十年）	九月二十二日、大坂の僧の愛猫が犬に喰い殺され、畜生のこと故成仏は出来難いので、獣中第一の虎に生まれ還れと告示して葬った。十三年を経て、同月同日の夢に愛猫が現れ、「お示しにより、我は虎に生まれ侍りし」と、僧に告げたという（『新著聞集』）。
1674年（延宝二年）	三月、江戸の鍋島藩屋敷の庭で、丹波守が桜を愛でていると、頭上の桜の花が散った。見上げると怪猫が丹波守めがけて襲いかかる。剣で斬りつけると再び木へ飛びあがり、姿を消した。この猫は龍造寺家の怪猫であり、鍋島猫騒動の発端になったという（『佐賀歴史散歩』ほか）。
1685年（貞享二年）	五月、紀州熊野の山陰の洞に猪ほどもある山猫が棲み、里の人を襲ったり、犬、狐、狸などを捕っていた。鉄砲で射つと足早に岩窟に隠れてしまう。とりもちをつけた竹串で作った罠

	にかかり、もがいているところを大勢で打ち殺すと、その叫び声は五、六町先まで響いたという（『新著聞集』）。 七月、徳川幕府五代将軍綱吉の「生類憐れみの令」の先駆として「将軍家御成先で犬猫をつなぐに及ばず」とした令が発せられる。「生類憐れみの令」は綱吉がその治世中（一六八〇年〜一七〇九年）に下した動物愛護を趣旨とした法令の総称で、対象になった生きものは牛、馬、犬、猫、猿、鶏、鳥、鼠、虫、魚介にまで及び、幕府の御台所では鳥類、貝類、海老などの使用も禁止された。施行範囲は主として江戸及び幕領であった。生きものたちを殺したり、虐待したものには死罪、遠島、所払いなど厳しい刑が科せられた（『徳川実紀』ほか）。 十月二十八日、大坂葉山町の鍛冶屋八兵衛の妻は死期が近づいたことを悟り、枕元を離れない愛猫に自分の死を伝え、「この後はお前を可愛がってくれる人もいないから、何処へでも行きな」と言い聞かせて亡くなった。猫は野辺送りの列について行くが、縁起でもないと追いかえされ、自宅へ戻ると舌を喰い切って殉死した（『新著聞集』）。
1686年（貞享三年）	二月二十一日、幕府の布告により各村の飼主から差し出させた「牛馬犬猫之覚書（戸籍帳）」が完成した（猫は「毛付帳」）。武蔵国荏原郡玉川村上野毛（現東京都世田谷区上野毛）の例は次のとおり。「とらふち猫　新兵衛。とら猫　金左衛門。とらふち猫　孫兵衛。くろ猫　庄兵衛。とら猫　金十良。はい毛猫　三右衛門、〆六疋」（大木卓『猫の民俗学』ほか）。

1687年（貞享四年）	二月四日、江戸城中御台所頭天野五郎正勝は、台所の井戸に蓋をしておかなかった手落ちで、猫が落ちて水死した。その死体を収容するため井戸の底をさらったところ、さらに猫の死骸があったという。正勝はその罪科で八丈島へ流刑となり、二人の息子は他家へ預けられた。正勝は一六九三年（元禄六年）四月二日赦免された（『徳川実紀』ほか）。 四月二十一日、死んだ犬、猫を見つけた時は捨てておかずに埋めることと、町まちの名主に申し渡される（『正宝事録』）。
1690年（元禄三年）	八月二日、江戸難波町の大工次郎兵衛が弟子とともに大八車に材木を積んで運ぶ途中、道に飛び出してきた犬を避けようとして猫を轢き殺し、手錠をかけられて入牢される（同前）。
1691年（元禄四年）	十月二十四日、「たとへ犬猫鼠等に至る迄、生類に芸を仕付、見世物に致候儀可為無用。生類をくるしめ、不届候……此旨堅可相守者也」（『御仕置裁許帳』）。同裁許帳の判例には「犬猫を怪我にて殺した判例」は二十一件ある。同月、「一、猫を殺者十里四方追放。一、犬ならびに猫を怪我にて殺候之類、数年入牢之上赦免」（『元禄御法式』）。
1694年（元禄七年）	七月四日、江戸霊岸島の棟割長屋に住む七左衛門は、もらってきたヒヨコ二羽のうち一羽を家主の家の猫が喰ったことに怒り、猫を打ち殺したことを訴人され、江戸十里四方追放となる（同前）。猫の場合は不詳だが、犬殺しの訴人の賞金は三十両。犬を斬り殺した江戸本所

	相生町の市人は晒し首。同じ町内で別の男を訴人した少女には五十両が褒賞金として渡された。金額はケース・バイ・ケースで一定していない。ともに一六九六年（元禄九年）八月のことである（『徳川実紀』『元禄世間咄風聞集』）。
1695年（元禄八年）	五月二十七日、「たとえ人を毀傷せずとも、犬猫など追払い毀傷させてはならない。もし追払う時は棒に当たりて死すともそれは苦しからず。犬猫咬合は痛まぬよう引分けるべし」（『正宝事録』ほか）。猫ではないが、拾った子犬を捨てた辻番が十一月に斬罪に処せられ、同九年二月には犬をしめ殺して他人の名をつけた張札をした男がはりつけの刑になっている（『御仕置裁許帳』）。
1696年（元禄九年）	秋、江戸の中村座で「子子子子子子」という奇妙な演目の芝居を上演。「猫の子の子猫」と読ませたという（永野忠一『怪猫思想の系譜』）。
1706年（宝永三年）	九月八日、江戸通三丁目の菓子屋弥兵衛の家の黒虎毛の牡の飼い猫が、店から路上に飛び出したところ、大八車に轢かれ、三人の車引きは入牢となった。殺された猫は役人立会のもと、弥兵衛の店の路次に埋められた（『南伝馬町名主高野家日記言上之控』）。
1709年（宝永六年）	一月十日、「生類憐れみの令」を布告した五代将軍綱吉死去。同令中止となる。

1713年（正徳三年）	「凡そ十有余年の老牡猫、妖《ば》けて災をなすものあり、相伝う、純黄、赤毛、多くの妖をなす」（『和漢三才図絵』）。
1740年（元文五年）	四月、大坂の竹本座で、文耕堂らの合作になる今川家のお家騒動に怪猫を配した人形浄瑠璃『今川本領猫魔館《ねこまたやかた》』が上演された（平凡社『歌舞伎事典』）。
1767年（明和四年）	四月十九日、猫寺として知られる東京都新宿区西落合の自性院に、牛込の寿司屋弥平が高さ五十センチの石彫りの猫女立像「猫地蔵像」を奉納する。この秘伝の像の御開帳は年一回、二月の節分の日のみ（「同寺パンフレット」）。
1770年（明和七年）	十一月九日、津軽藩の隣国秋田藩の佐竹右京大夫の家中のものが猫またになった山猫を退治したところ、その夜から発熱し、猫のような声で鳴き続け、三日三晩一睡もせず狂気して死亡したという。その噂が津軽にも聞こえてきたので、津軽家から佐竹家へ書状で照会すると、十二月一日「まつたく、その通り」という返書があり、さらに風聞以上の狂乱ぶり、惨状を伝えてきたので、津軽家では「恐ろしきものよ」と、みな驚いたという。（『津軽妖異記』）。
1776年	この年上梓された谷川士清の『和訓栞』に、猫またについて、「金色に光りて毛は一条もな

（安永五年）	く、髪は長く尾は両股に分かれ、爪の鋭きこと剱をあぐむき牙は狼に似、頭より尾まで九尺（二七〇センチ）に及べり。死して両眼を閉じず光ること星の如し」とある。
1791年（寛政三年）	鼠が異常発生し、濃州（岐阜県）、勢州（三重県）、尾州（愛知県）などに群れ出て荒しまわり、猫の値が沸騰した。「逸物の猫は金七両二分、常の猫五両、猫の子は二、三両くらいの由」（水野為長『よしの冊子』四月三十一日の項）。十一月二十三日、東京新宿の旅籠で、河豚《ふぐ》を料理してその骨腸を犬と飼い猫が喰ったところ、犬は苦しげに七転八倒しそのまま死んだ。猫は座敷の腰張りをするため煮て盆に入れておいたつのまた（角叉）を喰い、見る見るうちに苦しみ失せて平時の如くになったという（滝沢馬琴『兎園小説』）。
1798年（寛政十年）	七月、江戸服部坂のある屋敷の庭に蟇《ひきがえる》が現われ、猫を取り囲み毒気で襲撃して半殺しにしたという（『半日閑話』）。
1807年（文化四年）	五月はじめ頃から江戸で猫の病い大流行す。二、三日病みてあわを吐き、死すという。六百匹余を両国回向院に葬る。流行は翌年まで続く（『一話一言』ほか）。
1813年（文化十年）	六月十九日、江戸湯島の煎餅屋の亭主に打ち殺された大猫が女房に取り憑く。女房は猫のような仕草をしはじめる。（『豊芥子日記』ほか）。

1816年（文化十三年）	三月十一日、江戸両替町の時田喜三郎の飼い猫が、恩になった魚売りの病床へ店の小判をくわえていって与えるが、発覚して打ち殺される。猫の善行がわかり、この日猫の供養碑が両国回向院に建てられた（『宮川舎漫筆』）。 八月頃、武州浦和で人語を話す虎の絵のような怪しい大猫を捕まえる（『半日閑話』）。
1823年（文政六年）	四月三日に催された御前相撲で、「猫又三吉」を名のる人気力士が高崎という力士を土俵の外へ押し出して、みごとに勝名乗りをあげた。その手口は、「猫又は高崎の脇下へ手をかけ、その手を押さえて腰より土俵へ押し切る。というもので、観ていた見物衆は、さすがは猫又じゃ、名前は無駄でも伊達でもないと、拍手を送ったという」（山田桂翁『宝暦現来集』）。猫又三吉はこの後、大関の地位までのぼりつめている。人気があったというこの猫又にちなんでのことではないだろうが、当時次のような猫の醜名《しこな》を名のった力士たちが土俵にあがっている。黒猫白吉／まねき猫乙三郎／白猫正太郎／三毛猫泣太郎／山猫正太郎／虎猫熊三（永野忠一『猫と日本人』）。
1825年（文政八年）	江戸日本橋小田原町の佃屋富五郎の妻は、家の飼い猫が、ある夜隣りの家の猫と頭に手巾をのせて踊っているのを見て驚愕し、病に患り、水に身を投じて死んだという（『慊堂日暦』五月二十四日の条）。

１８２７年（文政十年）	六月、江戸の河原崎座で、四世鶴屋南北作、歌舞伎『独道中五十三駅《つぎ》』（通称「岡崎の猫」）を上演。破れた十二単衣を着て鉄漿《かね》をつけた老婆姿の怪猫の扮装が好評を博す（前出『歌舞伎事典』）。
１８３３年（天保四年）	四月、江戸芝の大養寺の東に、鼠屋五八という猫医が住み、よく猫、鼠、禽鳥の病いを医《くす》したという（『慊堂日暦』）。
１８３６年（天保七年）	七月十四日、筑前国（福岡県）富野で、ある男が夜更けに、狐が猫に何度も踊りを伝授しているのを厠の窓から目撃する（『筱舎漫筆』）。
１８３９年（天保十年）	五月下旬、江戸の内藤新宿の辰巳屋で客に化けた大猫の芸者遊びが発覚し、芸者は逃走する（『藤岡屋日記』）。
１８４０年（天保十一年）	一月三十日、猫嫌いの弁（『井家隆子日記』）。
１８４２年（天保十三年）	山東京山作、歌川国芳画『朧月猫之草紙』刊行。

1847年（弘化四年）	「俗に老猫、尾岐をなし、人を魅するをマタネコと言ふ」（『重訂本草綱目啓蒙』）。
1849年（嘉永二年）頃	猫の浮世絵師歌川国芳、東海道五十三次をもじった『猫飼好《みょうかいこう》五十三疋《びき》』を描く。
1852年（嘉永五年）	江戸神田松枝町の大工保五郎の飼っていた猫が子鼠を可愛がって乳をのませ、自分の産み落とした子猫とともに養育する。「誠きたいまれなる事」として、飼い主の保五郎に江戸町奉行所から白米二俵が贈られる（『武江年表』ほか）。
	佐賀鍋島家のお家騒動に材をとった歌舞伎『花埜嵯峨猫股草紙』（三世瀬川如皐作）が鍋島家から抗議があり上演中止となる。これは後に『百猫伝手綱染分』と改題・改作され、一八六四年（元治元年一月）、江戸中村座で上演された（通称「鍋島家の猫」）（前出『歌舞伎事典』ほか）。
1858年（安政五年）	四月二十二日、江戸神田紺屋町二丁目塩物屋の飼い猫が子猫を産んだところ、人間の顔のようでまことに恐ろしいので、谷中天王寺に捨てにいったところ、途中で子猫がその男を咬み殺した由、訴え出たという（『近世風聞・耳の垢』）。

1859年（安政六年）	五月十八日、江戸永代の万徳院に「法名駁斑猫実、俗名実助《まめすけ》」という黒い斑、短尾の猫が葬られる（平岩米吉『猫の歴史と奇話』）。
1861年（文久元年）	三月五日、猫の絵師歌川国芳六十五歳で歿。国芳は自宅に十数匹の猫を飼い、画幅類、用具まで猫尽しであった。懐中、膝の上、机の周囲にはいつも猫がいたという。陰号に一猫斎を名乗った。
1876年（明治九年）	二月、愛知県小川町の小松屋の飼い猫は、子猫の時に鼠を追いかけて喰らいつかれてから鼠を怖れるようになり、大猫になってからも、鼠が騒ぐと家人の衣のなかへ逃げ込んだという（『朝野新聞』）。
1878年（明治十一年）	七月二十一日、東京・東両国の中村楼で、仮名垣魯文が「珍猫百覧会」を開催。自分のコレクションばかりでなく友人知己などにも出品を依頼、会費を取るも来会者二千余人で大盛会だった（『明治文学回顧録集』ほか）。
1880年（明治十三年）	大阪府天満空心町三丁目で惣菜屋を営んでいる池島平右衛門は、十六匹の猫を飼い、牡に竹丸、松丸、鶴丸、亀丸、熊丸、雲丸、牝猫には梅姫、小桜姫、千代姫、加治姫、小松姫、末姫などと名づけ「妻子を愛育《いつくし》むごとく」であったという（『大阪日報』一月十六日）。

	五月、東京の猿若座で、河竹黙阿弥作歌舞伎『有松染相撲浴衣』（通称「有馬の猫」）を上演。有馬の猫騒動に材をとったもの（前出『歌舞伎事典』ほか）。
1881年（明治十四年）	十月十六日、大阪・天王寺境内で仮名垣魯文が「雌雄山猫追善法会」を催行。あわせて来会者に愛猫家魯文収集の猫に関する品々を観せる（『仮名読新聞』十一月四日）。
1882年（明治十五年）	三月九日、東京・千住で飼っていた老猫が役者ばりに人語で喋ったという（『いろは新聞』）。 十二月二十一日、熊本県野々島村の田中大次郎二十一歳は、豊後竹田町にて学術演説会を開いた。「窮鼠却って猫をかむ」という演題で、「我国には猫政府ありて人民という鼠あり。然るに近年猫政府は人民たる鼠を圧制するや極まれり」「強を討ち弱を助くは天の道なれば我輩の鼠は一日も早く猫政府を嚙み云々」と演じたので、臨監の警察官に中止を命じられた。同人は拘引されて、竹田治安裁判所で重禁固一年罰金三十円を宣告され、解散を命じられたが拒んだため、なお、十円の罰金を申し渡される（『東京日日新聞』明治十六年一月五日）。
1884年（明治十七年）	東京・荏原郡鵜の木村（現大田区鵜ノ木町）のとある農家で飼われていた牝猫が三月中旬から毎夜誘いにくる牡狐と仲良しになり家を出て行ったが、二疋は四月十七日、同村三百九十八番地の人家の地所内の井戸で心中していたという（『読売新聞』五月二十四日）。
1886年	一月二日、愛猫家で知られた狂言作家河竹黙阿弥の愛猫太郎が死去した。黙阿弥は家で十数

（明治十九年）	匹の猫を飼っていたが、烏猫の太郎を最も可愛がっていた。葬式は中野・源通寺で行われ、住職の手厚い読経の後、同寺墓地内に塚を建てて葬られた。碑には長女糸女の次の狂歌が刻まれる。「十九年わずか二日の初夢を見果てぬ猫の名も太郎月」（渡辺義通『猫との対話』）。
１８８８年（明治二十一年）	一月十日、高知県幡多郡大道村の猟師親子が猪を射とうと深山に入ると、山猫が現れた。山猫は前肢を射たれて猛り狂い、猟師と死闘になったが、息子とともに組み伏せ、討ちとった。家に帰って調べると十七貫（一貫は約三・七五キログラム）を超える大猫で、全身に松脂を塗り、土砂を貼って堅固な身をしていたという（『土陽新聞』）。
１８９１年（明治二十四年）	東京・千駄木で猫を飼育し、製品にして売り出す飼い猫会社が現れる。猫の毛は毛織物、皮は三味線、後は肥料にて売り出す。上等な猫は海外に売りさばき、一部は鼠を捕る方法を教えて賃貸で貸し出すという（『読売新聞』九月二十八日）。
１８９８年（明治三十一年）	一月十五日、「東京市全十五区で飼っている犬の数は一千八百六十七匹、猫は三千二百九十四匹で、食料は併せて毎月米一千二百六十四石三斗二升。金額は一万八千七百七十五銭二厘であるという」（『明治東京逸聞』）。
１９００年（明治三十三年）	三月三十日、岐阜県不破郡垂井村の飼い猫が、春になって産んだのは、鼠の子だったという（『富士新聞』四月六日）。

1901年（明治三十四年）	八月二日、東京・両国の回向院の前にある相撲茶屋の牝猫が四匹の子を産んだ。イタチが子猫をとろうとしたので家人や親猫が追うと、イタチは最後の一発を放って逃げた。実は数日前、物置にイタチの子がいたので家人が猫を放って捕まえさせるということがあり、イタチの親はその仇討ちにきたのだろうという（『読売新聞』八月六日）。
1902年（明治三十五年）	青森県東津軽郡滝内村で、猫が三匹の狐の子を産む。（『扶桑新聞』七月九日）。福岡県田川郡弓削田村で、猫が九匹の犬の子を産む、一匹を除き健在だという（『中京新聞』九月十五日）。
1903年（明治三十六年）	七月、ロシアの警察猫ハーシクが殉職した。スタブロポリの警察で、密漁のキャビアやチョウザメのチェックをしていたところ、急発進の車にはねられたという（『朝日新聞』七月二十二日）。
1908年（明治四十一年）	九月十四日、夏目漱石が愛猫の死を葉書で弟子たちに伝える。「久々病気の処、療養不相叶、昨夜いつの間にか裏の物置のヘッツィの上にて逝去致候……」
1909年（明治四十二年）	四月二十三日、東京・本所区長岡町（現墨田区）の民家に野良の大猫があがり込み、はたきを持って踊っていたという（『報知新聞』四月二十八日、捕獲の続報五月二日）。

	ペスト予防のため全東京市内で、猫の調査が行われる。当時東京は十五区（現在は二十三区）で、戸数三六一、四二八。飼い猫の数二五、五六八匹で、平均十四戸に一匹の飼猫数であったという（石田孫太郎『猫』）。
１９１４年（大正三年）	東京両国にある回向院へ飼い猫を埋葬にくる愛猫家の数は、夏季には「一日平均三〇疋位ある。一疋二六銭の埋葬料を取るというから大きな収入」であった（『郷土研究』第三巻一号、大正四年三月刊）。
１９１８年（大正七年）	十月十四日午前七時頃、英国近海で日本郵船の商船平野丸がドイツの潜水艦に魚雷で沈められた。ロンドン出航の前日、ドックに並んで停泊していた丹波丸へ、船の安全を守る守護神として乗せていた平野丸の猫が走り込んでいったが、船員は気づかぬまま同船は出航した。その後気づいたが、引き返すことはしなかった。猫が船から去るという不吉な予感に船員たちは不安を覚えたが、案の定平野丸は撃沈されてしまったという（『猫の研究』二十一輯）。
１９２５年（大正十四年）	十月六日、東京・四谷の三味線屋ねこやの飼い猫駒ちゃんが死亡（行年七年六ヶ月）した。葬式は浄土宗大本山、家康が徳川家の菩提寺と定めた芝増上寺で行われた。僧侶七十人余が参加。費用は四千円で、花輪が八十本以上あり、花街の芸者衆も参列して、大変なにぎわいだったという（大木卓『猫の民俗学』）。

1930年（昭和五年）	六月、群馬県高崎市北通町の佐竹家で飼われている生後五ヶ月ばかりの三毛の牡猫は、両眼が金と銀の色が炎のように見えるので、町中で評判となっているという（『報知新聞』）。
1936年（昭和十一年）	七月、千葉県高品町の農家山本家で飼われていた四歳の三毛猫が珍しい三毛の牡猫三匹を産んで大騒ぎとなる（『朝日新聞』同月十八日）。
1945年（昭和二十年）	「空襲でまぎれ込んできた黒猫で眼は金色。師匠が可愛がったんです。師匠のいうことしかきかない。師匠が死んだら猫が死ぬ。猫が死んだら師匠が死ぬといわれていた。なるほどね。猫がいなくなって、一年目に師匠がなくなりました。猫が出ていったのが一月八日。師匠も一月八日に亡くなりました。因縁というものが当りましたね」（回答者・東京都小金井蘆州、松谷みよ子編『現代民話考・猫』）。
	五月二十五日、空襲で家を焼かれた東京・世田谷の愛猫家が抱いていた白猫が腕をすり抜けて、まっしぐらに燃えさかる炎のなかへ飛び込んでいった。ギリシャの史家ヘロドトスは「エジプトでは火事があると、人々は消火には見向きもせず、一定の間隔をおいて立ち、猫が火のなかへ飛び込むのを防いだ」と記しており、火事などがあると犬は吠えて知らせるが、猫は火を見ると自らそのなかへ飛び込むので有名だという（前出『猫の歴史と奇話』）。
1952年	六月十二日、アメリカ・テキサス州ボンハムで、十七歳になる「ダスティ」が四百二十匹の

（昭和二十七年）	子を産み、世界最高齢の猫のお産の記録をつくる（前出『猫の歴史と奇話』）。ちなみに、日本では東京豊島の中村ウメさんの飼い猫が二十二歳半まで生きて、生涯に二百匹余りを産んだ記録があるという（同前）。
1954年（昭和二十九年）	漱石が描いた「猫のスケッチ」が発見される。スケッチを見た愛猫家の画家猪熊弦一郎の評「三毛の感じだね。なかなか的確な表現だ。ことに鼻筋がうまい。観察が細かいね」（『朝日新聞』十一月七日朝刊）。
1956年（昭和三十一年）	三笠宮及びタイ国大使などの支持を受けて、日本シャム猫クラブが結成され、第一回展覧会が五月二十日から日本橋三越の屋上で催される。 十一月、南極観測船宗谷を見送りに東京・晴海の埠頭にやってきた一女性が、「縁起がいいから連れていって」と隊員に手渡した満一歳の三毛猫の牡のタケシは、その後隊員のポケットに入れられて晴海を離れ、南極に渡った。そして五十八年四月まで昭和基地でマスコットとして、隊員の慰問の任務を務めて帰国した。昭和基地では、越冬中通信機の四千ボルトの高圧電気にふれて、気絶したこともあった。帰国後は隊員の家に引きとられて飼われたが、数日後タケシは同家から突然姿を消し、行方不明になったという。昭和基地でのタケシと隊員たちの日常生活――『わが輩は南極のネコである』は作間通信員がタケシになり代わって書いている（『朝日新聞』十月十一日〜十四日朝刊）。

１９５７年（昭和三十二年）	九月二十三日、東京都練馬区北大泉にある西信寺別院大泉寺で、盛大な家畜動物慰霊法要が行われる。 富士吉田市の家の土蔵から、二十数年前、白檀の木に刻まれた猫の木像が見つかった。像の底にある「左」という銘から左甚五郎作ではないかと騒がれた。重さ二・二キロ。夏の間だけ富士山吉田口七合目にある同家経営の山小屋に持っていき、商売繁昌の守り神にしているという（『読売新聞』静岡・山梨版九月十四日夕刊）。 十月九日、山口県内から島根県松江市に引っ越した家の飼い猫クロが、元の家へ十五日間かけて二十七キロに及ぶ道程を歩いて帰った（『よみうり少年少女新聞』十一月十二日）。 十一月五日、最長命猫としてギネスブックに載った英国デボン州アリス・ムーア夫人の愛牝猫のマーが、三十四歳で死亡（前出『猫の歴史と奇話』）。
１９５８年（昭和三十三年）	米国サウス・カロライナ州のコロンビアの家で飼われていた盲目の老犬が、同家に迷い込んできた猫と仲良しになり、老犬が外出する時は、猫が戸口で待っていて先に立って道案内をし、必ず連れ帰り、「盲導猫」の役目をしているという（『静岡新聞』六月八日夕刊）。 八月二十九日未明、東京都板橋区で飼い猫が暴れて家人三人に嚙みつき、三人とも救急車で病院に運ばれた。猫が突然暴れ出したのは、生まれてはじめて鼠を見て仰天したせいで、興奮して唸り声をあげ、部屋のなかを暴れまわり、次つぎと家人に飛びかかって手当たり次第に嚙みつき、引っかいたという。消防庁では「こんなケースでの出動は、はじめて」だとい

	う（『東京新聞』同日夕刊）。
1959年（昭和三十四年）	十二月二十一日、作家内田百閒の愛猫ノラが行方不明になった時、自らの文学の師と仰ぐドイツ文学者高橋義孝は百閒に「今頃は三味線の胴で突っ張っていらあ」と、酔って電話をしたらしい。そのことを、高橋が友人に告白した、「百鬼園先生ニハ猫のことですっかり失敗（しくじ）ってしまひました。……」と記す書簡が見つかった。ノラは五十七年三月二十七日に行方不明となり、百閒は毎日泣いて仕事も手につかず、猫探しの折込み広告を新聞に出し、猫の食器におきゅうをすれば猫は戻るというまじないを日に一回、五百三十五回もつづけたが、ノラは戻らなかった（『ノラや』）。高橋は師から破門されたが、二年半で解けたという（『朝日新聞』二〇一一年六月夕刊）。
1960年（昭和三十五年）	この年、ポーランドで猫を主題にした切手十種類を発行。「純粋な意味で世界最初の〝純ネコ切手〟だという。なかでも絵本などで知られるJ・グラビンスキーの〝口をあけた笑う子ネコ〟の図案の切手が人気を呼ぶ（田辺龍太「切手はアートだ！」、『東京新聞』二〇一三年二月二十日夕刊）。
1969年（昭和四十四年）	六月七日、計量記念日にちなんで多摩動物公園で猫の重量コンテストが催される。優勝は目黒区洗足の阿達家で飼われていた「ガスパ」五歳の牡の黒猫で、七・八キロ（ガスパはのち八・二キロにもなったという）（前出『猫の歴史と奇話』）。

1970年 （昭和四十五年）	八月五日、午後七時五十分頃、東京都文京区春日で自宅に帰る途中幼女が三匹の猫に襲われ、四十余ヵ所の傷を負った（『毎日新聞』同月六日夕刊）。 同月二十八日東京都中央区月島で小型トラックに手製の猫捕獲器を積み大阪から遠征してきた〝ネコとり師〟が逮捕された。男は七月から渋谷、浅草などで四十四匹のネコをマタタビの粉末で誘《おび》き寄せて捕獲。三味線の皮として牡猫三千円、牝猫千五百円で大阪のなめし皮屋へ売っていた。なめし皮屋には全国から二百人ものネコ・ドロが出入りしており、男は「おれたちがいなけりゃ三味線はできない」とうそぶいたという（『読売新聞』同日夕刊）
1971年 （昭和四十六年）	十月十五日、青森県下北郡のある家に飼われていた長寿猫よも子は、三十六歳半で死亡した。人間の年齢にすると、百九十歳に相当するという（同前『猫の歴史と奇話』）。 十一月二十八日、猫の遺族代表凡太を連れた人や大阪からの上京組など合わせて四十二名の愛猫家が両国・回向院で猫の供養を行った（『読売新聞』同月二十九日朝刊）。
1973年 （昭和四十八年）	十月三日、昨年度東京都二十三区内で清掃局が引き取った犬猫の死体は一万九八四一匹だが、ゴミ箱に捨てる例もよくあるという（『朝日新聞』十月二十一日夕刊）。 十月十二日、秋田県北秋田で八十四歳のひとり暮らしの老婆が裏山へキノコ狩りに行ったまま帰らず、地元の人たちが山を捜したが見つからなかった。ところが十三日深夜、焚火をしている地元の人たちのところに一匹の猫が現れ、鳴きながら訴える様子を見せた。その猫

	が老婆が飼っている猫であることを見知っていたものが後についていくと、二キロほど離れた沢で倒れている老婆を発見、救助した。老婆は愛猫チャンベをつれて山へ入ったのだという（『読売新聞』十月十四日日曜版）。
1975年（昭和五十年）	三月、北海道十勝郡の上川の自宅から、飼い主のお産のため一緒に札幌の実家へ連れていった猫のヨタが、冬の狩勝峠などを越えて自宅まで二百二十キロの道を、一年半かかって帰宅したという（前出『猫の歴史と奇話』）。
1976年（昭和五十一年）	一月、香川県観音寺市の飲食店で飼われていた牝猫リリが、高松市の親類へ譲った子猫と一緒に預けられた。すると、リリは二月中旬にそこから姿を消し、それから三ヶ月たった五月二十七日夜、観音寺市の自宅の店のボイラー室にたどり着いた。リリのからだは泥まみれ、爪が割れ、痩せ細って倒れていたという。高松市から観音寺市までは坂出、丸亀市を経て約六十キロの道のりだという（同前）。
1977年（昭和五十二年）	三月に刊行された渡部義通『猫との対話』に、十六匹の愛猫を飼う著者の襲名による猫の命名法が次のように紹介されている。「記憶が薄れてゆく私どもに覚え易いのと、亡くなった奴の面影など偲びおく意味もある。命名に当って第一に配慮するのは、猫どもが自分の名前をかんたんに覚え、自他を聞き分け易いように、音感の違いがなるべくはっきりしたものを選ぶこと、美称や意味などは気にしないこと。員数が多い集団生活にはこれが尚更大切なの

	である」。鎌倉に住んでいた作家村松梢風は十余匹飼っていた愛猫に「漫画《まんが》」「浴衣《ゆかた》」など珍しい名をつけていたという（同書）。 十一月二日夜、山口県萩市の国定重要文化財「熊谷家住宅の母屋」が焼失。原因は塗装工が野良猫に灯油をかけて火をつけ、その猫が母屋に逃げ込んだためであった。塗装工は重過失失火の疑いで緊急逮捕された（『朝日新聞』十一月八日朝刊）。
1981年（昭和五十六年）	「生きた化石」といわれる特別天然記念物のイリオモテヤマネコの化石が、沖縄・宮古島ピンザアグ洞穴の二万年前の地層から発見された。イリオモテヤマネコが、かつては琉球列島の広範囲に分布していたことを示す貴重な証拠だという（『朝日新聞』一月五日朝刊）。
1983年（昭和五十八年）	二月七日朝、東京都世田谷区代田の老夫婦の家が電熱器のつけっ放しで火災を起こした。幸いなことに部屋のなかに忍び込んだ野良猫が騒いだため、急報が間に合って老夫婦は無事だったという（『読売新聞』同日夕刊）。
1987年（昭和六十二年）	二月二十二日、「猫の日制定委員会」が、日付けが「ニャンニャンニャン」と読めることから、アンケートなどを元に、この日を「猫の日」と制定した。
1991年（平成三年）	東京都杉並区の「ネコ探検隊」九十名が調査した同区内の猫分布図がまとまる。区内を百六十三のブロックに分け、その三分の二に当たる九十ブロックの調査の結果、一一二一匹の猫

	に遭遇。約〇・二五平方キロの一ブロック内で七九匹、一匹当たりの縄張り〇・〇〇三平方キロ。猫が一番多かったのは高円寺地区の一七匹。ゼロのブロックもある。高円寺の人口密度は一平方キロ当たり二万三一三〇人で、猫密度は三一六匹。猫一匹を七三人で支えていることになるという（『朝日新聞』四月二十八日朝刊）。
1995年（平成七年）	九月二十九日、「日本招猫倶楽部」が、この日を「来《く》る福《ふく》」と洒落で読み、「招き猫」の日と制定した。
2000年（平成十二年）	十二月、動物愛護法施行。「愛護動物をみだりに殺し、又は傷つけた者は、一年以下の懲役又は百万円以下の罰金に処する」と規定した。
2001年（平成十三年）	三月、神奈川県藤沢市の観光名所江の島に棲みつく捨て猫が二百匹以上に。二年前から動物愛護のボランティアたちが募金箱を置き、これまでに百六十匹余りに不妊手術をした。空気銃などで猫を撃つ虐待事件も起きている（『朝日新聞』三月五日夕刊）。 四月十一日、ペットの年費用を東京都が調査。犬の飼代約六万四千円、猫四万四千五百円。動物病院へ支払った診療料金、犬約五万二千円、猫三万五千円。他を含め費用総額は犬約十二万六千円、猫八万七千円（『東京新聞』四月十一日夕刊）。 四月二十七日、東京都中央区のオフィス街の古いビルの出窓でいつも日向ぼっこをして、通勤途中の行き交う人びとを和ませていた「地域猫」の人気者ニューが腎不全で死亡し、府中

	市の動物供養の寺に引き取られた（『朝日新聞』四月二十八日朝刊。関連記事、同紙二〇〇〇年十二月二十一日朝刊） 八月、ロシア・ククラチョフ猫劇場が東京テアトル銀座で公演。三十匹の猫団員が舞台に登場して芸を披露した。団長ククラチョフは「私が芸を教えているのではなく、猫が私に芸を教えてくれるのです」と語った。 東京大学付属家畜病院内科の2000年度のデータによると、「猫に多い病気の一位は免疫不全ウイルス感染症（猫のエイズ）16・7％で、以下五位までは腎臓病13・5％、白血病・リンパ系10・3％、内分泌系の糖尿病などの病気9・2％、腸の病気8・9％」（『朝日新聞』五月八日朝刊）。 富山のメーカーがペットの犬猫の血液型判定に新試薬「モノクローナル抗体」を世界で初めて開発した。ちなみに猫の血液型はA、B、ABの三種で、A型が八〇％という。犬の血液型は九種（『朝日新聞』五月十五日朝刊）。
2002年（平成十四年）	二月二十五日、七年前に創刊され、約一年で休刊していた月刊「ねこ新聞」が復刊。猫を切り口にした世評、話題、エッセーなどを掲載。 不況、不景気が長びくなか、招き猫にも変化が起きている。福を招く手が頭の上、耳の上まで高く長く伸びていて、少しでも多くの福をかき集めようという目論見らしい。猫の体色もより明るくカラフルになって、マスコットとして若い層に人気が出ているという（『朝日新聞』七月六日朝刊）。

	九月二十日、川崎市の公務員が、野良猫を車に閉じ込めて衰弱死させたとして逮捕された。男は公園で野良猫を捕え、胴、後足を粘着テープで巻いた上、自分の車に閉じ込め放置した。車内には同様の猫の死骸七体が見つかった。動機は「職場でのうっ屈を解消するため」だったという。十二月十二日東京地裁の判決は「懲役六月執行猶予三年」（『東京新聞』九月二十一日夕刊、『朝日新聞』十二月十二日朝刊）。 九月三十日、猫虐待の様子をインターネットで公開し、動物愛護法違反の罪に問われている広島県呉市の男の初公判が福岡地裁であり、全国から愛猫家など傍聴人百人がつめかけた（『朝日新聞』同日夕刊）。
2003年（平成十五年）	六月十一日、餌を与えるので野良猫が集まり、「糞尿被害に悩まされた」として、神戸市の母子が近隣住民四人を訴えた。神戸地裁は「異臭は我慢の限度を超え、餌を与え続ける行為は違法」として四人に百五十万円の支払いを命じた（『東京新聞』同日及び十二日夕刊）。 九月二十日から一週間、三重県伊勢市で「全国招き猫祭り」が開催された。常滑、有田焼などの招き猫三百点が展示された。「ニャン猫踊り」なども紹介。 十二月十二日、宇都宮市の男が、譲り受けた二匹のネコに必要な餌を与えず衰弱させ、動物愛護法違反で宇都宮地裁から罰金十万円の略式命令を受ける（『朝日新聞』同日夕刊）。
2004年（平成十六年）	東京で人気のある街の一つ神楽坂の自治会では、増えつつある野良猫対策の一環として民間ボランティアの協力を得て、不妊・去勢手術を受けた目印として猫の右耳にピアスのよう

	な白い飾りをつける試みをはじめた（『朝日新聞』二月三日夕刊）。 四月、猫のペット歴はこれまで約四千年前しかさかのぼれなかったが、地中海のキプロスの新石器時代の遺跡で人の墓のすぐ脇から猫一匹の骨が発見され、人類は約九千五百年前から猫をペットとして飼っていたことがわかったと、フランス国立科学センターのチームが発表。日本では縄文時代にあたる（『朝日新聞』同月九日夕刊）。 九月二十九日～十月二日。二十周年を迎えた銀座の猫専門ギャラリーで、「変わり招き猫展」を開催。「九二九」が「くるふく」と読めることから、九月二十九日を「招き猫に感謝する日」と定めたという（『朝日新聞』九月二十九日朝刊）。 米国で遺伝子バンクに預けたＤＮＡから作成したペットのクローン猫を五万ドルで販売する会社が設立された（『朝日新聞』十二月二十四日朝刊）。その後、二匹が販売出来ただけで、会社は六年で廃業した（『朝日新聞』二〇〇六年十月十三日夕刊）。
2005年（平成十七年）	四月、新潟県中越地震で被災した長岡市山古志地区で倒壊した家の中から脱出し、雪の中で生き抜いた愛猫チャグが四ヶ月ぶりに飼主と再会した（『朝日新聞』四月十一日朝刊）。 十二月、九月末に行方不明になった米国北部ウイスコンシン州ミルウォーキの生後一年の牝猫エミリーが、フランス北部で見つかり、一日飼主に戻された。猫は家近くの紙の倉庫からコンテナに紛れ込み、シカゴから船でベルギーへ、さらにフランスへと運ばれた。識別票をつけていたため米国の飼い主が判明。帰りは空路だった（『東京新聞』二日夕刊）。

2006年（平成十八年）	東京都町田市にある霊園では、ペットとともに入れるお墓が人気（『朝日新聞』一月十七日朝刊）。 十月、東京都江東区の平木浮世絵美術館で、「にゃんとも猫だらけ展」を開催。 猫の尿の匂いが強いのは尿に含まれる特別なたんぱく質コーキシン（猫は好奇心が強いことから命名）であることが、岩手大教授らと理化学研究所のグループなどの研究で判明した。縄張りを示す匂い物質フェリニンや異性を引きつけるフェロモンの元になるアミノ酸を作りだすのを助けているコーキシンの合成を邪魔する方法をみつければ、匂いの対策に役立つという（『朝日新聞』十月二十一日朝刊）。
2007年（平成十九年）	米国ロードアイランド州の養護リハビリセンターで飼われている牡猫オスカーは、人の死を予言するという。オスカーは病院の三階を棲み家としており、入院患者の病室を自由に出入りして暮らしている。オスカーは突然患者のベッドにあがり込み、鼻やのどを鳴らした後、そのまま丸くなって居着いてしまう。するとその患者は、必ず数時間後に亡くなるという。オスカーはこれまで二十五人以上の患者の最期を予言。地元のホスピス団体から表彰もされている。「死期を予言するのではなく、病院のスタッフの動きの違いを見分けているのだ」「猫にはまだ知られていない第六感のようなものがある」といった声もあるが、オスカーの知らせで「最期に立ち会えた家族も多い」という（『朝日新聞』八月六日朝刊）。 わが国をはじめ、全世界で飼われているイエネコの祖先は、近東に生息しているリビアヤマ

	２００８年（平成二十年）
ネコであることが、米英仏などの国際研究チームのＤＮＡ解析で判明した。地中海東部沿岸の少なくとも五つのリビアヤマネコの母系から家畜化して全世界に広がったという（『朝日新聞』六月二十九日夕刊）。 九月七日、台風で府中市を流れる多摩川が増水し河川敷で生活していた男が濁流の中、首まで水につかりながら立ち木にしがみついて救助された。離さずに持っていた籠のなかにいた猫も無事で、「こいつの命を守らなければと必死だった」と語る（『朝日新聞』九月八日朝刊）。 日米の共同研究チームが凍結保存した飼い猫の卵子から子猫を誕生させることに成功し、三匹の子猫が誕生した（『東京新聞』十月三日夕刊）。	八月、秋田市の宝くじ売り場にむかって地面に十四個の猫の足跡が刻まれていた。乾いていないセメントの上を猫が歩いたためできた跡だが、八年前に売場開設以来一億円以上の当たりくじが九本も出ているので、「足跡が幸運を招く」と評判になり、猫の足跡に購入券をかざしていく客が絶えないという（『東京新聞』八月五日夕刊）。 時間制で、「お茶」をしながら、猫と一緒に遊んだりくつろいだりできる「猫カフェ」が、首都圏で相次ぎ出店、七月末で東京周辺に二十軒ほどになった。ある駅前の猫カフェは、約百平方《メートル》のフロアーにテーブルが置かれ、二十八匹の猫がいる。一時間八百円。一時間過ぎると十分ごとに百二十円。ドリンクは百五十円から（『朝日新聞』八月十五日朝刊）。 「ドービニーの庭」は、オランダの画家ゴッホが自殺の二週間前に描いた絵だが、同題の作

品がスイスのバーゼル美術館と広島のひろしま美術館にある。前者は絵の左下に庭を横切ろうとする黒猫が描かれているが、後者の絵には茶色に塗りつぶしたような跡がある。猫は最初から前者のように描かれていたのか。後者はゴッホまたは第三者が塗りつぶしたのか。放射線を用いた最新技術で調査した結果、猫は最初は描かれていたと判明した（『朝日新聞』十月四日朝刊。関連記事六月一日同紙夕刊、二十三日同紙夕刊）。

和歌山電鉄貴志川線の無人駅貴志駅で、駅長を務める三毛猫たまの就任一年間の経済波及効果がまとまった。二〇〇七年一月から一年間の乗客数は前年より約五万五千人増え、運賃収入だけで約千五百万円増。写真集など関連商品の波及効果は約二千七百万円。隣接する和歌山市の観光客増にも貢献し、たま駅長の経済効果は十一億円だった（『東京新聞』十月三日夕刊）。

十二月、長野県信濃町にある一茶記念館に、「館長」と呼ばれる牡の近所の飼い猫がいる。来館者と共に入館してくるようになり、館長の椅子に堂々と座るため自然とあだ名がついた。ちなみに動物の句を好んで詠んだ一茶には猫が登場する句は三百以上あり、館長猫は「一茶の生まれ変わりかも」という声もある（『東京新聞』十二月六日夕刊）。

2010年（平成二十二年）

二月、徳島県と奈良市では飼い主に捨てられた猫や犬を火葬施設まで運ぶ小型トラック内で殺処分していた。拾集施設での殺処分が住民に受け入れられないための苦肉の策で、保健所などから集められた捨て猫や犬を金属製の鎮静器の箱に入れ、火葬施設に到着する前に二酸化炭素ガスを器内に注入。この方法で年五千〜一万匹を殺処分していたという（『朝日

	新聞』同月二十日朝刊）。 東京都三鷹市に住む将棋の元名人加藤一二三《ひふみ》九段が自宅の集合住宅で野良猫に餌をやり続けたため、悪臭などの苦痛を受けたとして近隣の住民らが訴えていた訴訟の判決が、十三日、東京地裁立川支部であった。裁判長は原告の訴えを認め、加藤九段に餌やりの中止と慰謝料二百四万円の支払いを命じた（『朝日新聞』五月十三日夕刊）。
2011年（平成二十三年）	三月、大手のペット保険会社アニコムが最近一年間に新規契約した七三九五匹の〇歳の猫の名前の集計結果を発表。一位は牝猫のモモ（一二一匹）、牡猫はレオ（九五匹）。以下ソラ、ココ、マロン、サクラ、コタロウなどの順で、かつての代表格タマは一八匹（四八位）、ミーは一六匹（六〇位）、ミケはゼロだったという（『朝日新聞』同月一日朝刊）。 米国コロラド州の住民に飼われていた牝の三毛猫ウィローは、五年前自宅改装中に家を出て行方不明になったが、二〇一一年九月十四日、二千六百キロ離れたニューヨーク市内マンハッタンの路上で、同市動物愛護団体が保護、無事飼い主のもとへ戻された。識別の決め手は体内に埋め込まれていたマイクロチップだった（『東京新聞』九月十五日夕刊）。 ローマ市内のアパートで九十四歳で亡くなった老婆は独り暮らしで身寄りは猫一匹。猫への遺産は約十億五千万円。猫好きの縁で知り合い、最期をみとった看護師が受け継いだという（『朝日新聞』十二月十日夕刊）。
2012年	美人画に描かれた猫や化け猫などの浮世絵を集めた「にゃんとも猫だらけ展」が江東区豊洲

（平成二十四年）

の平木浮世絵美術館で開催。第一部「猫と遊ぶ――美人画の猫」（一月三日～二十九日）、第二部「化け猫騒動」（二月二日～二十六日）、第三部「猫と遊ぶ――戯画とおもちゃ絵」（三月三日～三十一日）。

猫たちと気軽に触れあえて好評の猫カフェで、猫の譲渡施設を併設するところが多くなってきた。あるＮＰＯ法人が運営する施設では、年間六百匹を紹介する。都動物愛護相談センターの統計では、二〇一〇年度の都内の猫の殺処分数は二千百十一匹（『東京新聞』六月二十九日夕刊）。

八月二十六日、改正動物愛護法が国会で成立。生後五十六日間の子犬、子猫を親から引き離すことが禁止されることになった。インターネット販売を規制し、購入希望者とペットとの対面も義務化された。災害時のペット対策については、都道府県に計画作成を義務化。ペット虐待の罰則も強化されることになった（懲役二年以下、または罰金二百万円以下）（『朝日新聞』九月四日朝刊）。

あとがき

書店に立ち寄って猫の可愛らしい写真集や愛猫家たちのエッセー集などを見るにつけ、猫の伝説や昔話だけを集成したものがあっても良いという思いを、長い間持ちつづけていた。

わが国の各地に伝わる猫の伝説に興味を抱くようになったのは、「はじめに」にも記した通り、十三年余り飼っていた猫が病死してからである。もう四十年も前のことで、それから地方の昔話集や民俗書誌などを見るにつけ、そのなかにある猫の話に目が向くようになっていった。北は北海道から南は沖縄まで、全国的にどれほどの猫の話が伝承されているのかは不詳だが、二百話は軽く越えているのではないだろうか。

これほど多種多彩な多くの猫の伝承譚が人びとの間に伝えられているのは、おそらく他の国には見られないことだろうが、わが国の昔話や伝説などの口承文芸に登場する動物たちは、猫に限らず人間と自由に話をすることができるという大きな特徴を持っている。

ことに人間の社会でわれわれと生活を共にしている猫や犬などの愛玩動物と親しく接して、その表情や動作を見ていると、つい相手の心の内を想像し、いろいろ忖度《そんたく》したり、語りかけたくなる。そこから対話が生じ、擬人化が生まれ、譚《はなし》が生まれてくるのだろう。愛猫との間に生じた個人的な空想、想像は周囲の人の共感を呼んで、人びとの間に語られ、あるいは共同の幻想となって広まり、それぞれの地方の風土性や地域の特色なども加味されながら伝説としていまに伝えられているのだろう。取りあげた伝説は四十七都道府県すべてから採録した。

巻末に置いた「小林一茶猫句抄」は、「三百句を越える」といわれる一茶が詠んだ猫の句から二百八十句ほどを、信濃教育会編集『一茶全集』（全八巻別巻一、信濃毎日新聞社、一九七六〜七年）から採句して、「抄」とした。なかでも猫の恋を詠んだ句が最も多く八十句を越えている。

「猫をめぐる略年表」は、猫の伝説に興味を抱きはじめてから手許に置いた新聞や雑誌のニュース記事、本書を編むために用いた猫に関する参考文献などから作成した。

本文に挿入した猫たちの挿絵は、「魯文珍報」の第八号、第九号に掲載された三代目歌川広重の「百猫画譜」（開珍社、明治十一年二月、三月刊）から、巻頭絵と最終絵の二葉を除いて再録した。一匹一匹の猫たちの仕草、表情が楽しめる挿絵である。

本書の刊行元である書肆梟社の社主林利幸氏は、自宅で四匹の猫を飼っているほどのたいへんな猫好きである。本書がその愛猫家の手によって世に出ることを喜ぶと同時に、さらに猫を愛する人たちがふえていくことを心から願うものである。

著者

著者略歴

谷 真介（たに しんすけ）

1935年東京に生まれる。日本文芸家協会会員。編集者をへて、児童文学の分野で活躍する。この間、キリシタン史、沖縄史に関心を示してきた。1992年、巌谷小波文芸賞を受賞。著書に、『沖縄少年漂流記』、『台風の島に生きる――石垣島の先覚者岩崎卓爾の生涯』、『失われぬ季節』、『新版キリシタン伝説百話』、『みんながねむるとき』、『ローマへいった少年使節』、『江戸のキリシタン屋敷』などの“キリシタン物語”全7冊の他、多数の絵本がある。

猫《ねこ》の伝説《でんせつ》116話《わ》

家を出ていった猫は、なぜ、二度と戻ってこないのだろうか？

2013年3月30日・第1刷発行

定　価＝2000円＋税

著　者＝谷 真介

発行者＝林 利幸

発行所＝梟　社

〒113-0033　東京都文京区本郷2-6-12-203

振替 00140-1-413348番　電話 03 (3812) 1654　FAX 042 (491) 6568

発　売＝株式会社 新泉社

〒113-0033　東京都文京区本郷2-5-12

振替 00170-4-160936番　電話 03 (3815) 1662　FAX 03 (3815) 1422

制作・デザイン／久保田 考

印刷・製本／萩原印刷

山深き遠野の里の物語せよ

菊池照雄

四六判上製・二五三頁・マップ付
一六八〇円＋税
写真多数

哀切で衝撃的な幻想譚・怪異譚で名高い『遠野物語』の数々は、そのほとんどが実話であった。山女とはどこの誰か？　山男の実像は？　河童の子を産んだと噂された家は？　山の神話をもち歩いた巫女たちの足跡は？　遠野に生まれ、遠野に育った著者が、聴耳を立て、戸籍を調べ、遠野物語の伝承成立の根源と事実の輪郭を探索する／朝日新聞・読売新聞・河北新報・岩手日報・週刊朝日ほかで絶讃。

遠野物語をゆく

菊池照雄

A五判並製・二六〇頁・写真多数
二〇〇〇円＋税

山の神、天狗、山男、山女、河童、座敷童子、オシラサマ。猿、熊、狐、鳥、花。山と里の生活、四季と祭、信仰と芸能――過ぎこしの時間に埋もれた秘境遠野の自然と人、夢と伝説の山襞をめぐり、永遠の幻想譚ともいうべき『遠野物語』の行間と、そのバックグラウンドをリアルに浮かびあがらせる珠玉の民俗誌。

柳田国男と学校教育

教科書をめぐる諸問題

杉本　仁

Ａ５判上製・四四五頁
三五〇〇円＋税

戦後日本の出発にあたって、次代をになう子どもたちの教育改革に情熱を燃やした柳田は、教科書編纂にも積極的に関与する。だが、判断力をそなえた公民の育成によって、人と人が支えあう共生社会を理想とした中学校社会科教科書は検定不合格となり、その他の社会科や国語教科書も数年のうちに撤退を余儀なくされる。戦後も高度成長期にさしかかって、教育界は受験重視の系統的な学習効率主義を優先し、柳田教科書は見捨てられていくのである。それから50年。私たちは豊かな経済社会を実現した。しかし、その一方で、冷酷な格差社会を出現させ、自由ではあるが、孤立し分断された無縁社会を生きることを強いられている。それは、共生社会の公民育成をめざした柳田教科書を見かぎった私たちの想定内のことだったのか？　本書は、柳田教科書をつぶさに検証し、柳田の思想と学問を通して、現代の学校教育に鋭く問題提起をするものである。

選挙の民俗誌

日本的政治風土の基層

杉本 仁

四六判上製・三一〇頁・写真多数

二二〇〇円＋税

選挙は、四年に一度、待ちに待ったムラ祭りの様相を呈する。たとえば、「カネと中傷が飛び交い、建設業者がフル稼働して票をたたき出すことで知られる甲州選挙」（朝日新聞07・1・29）。その選挙をささえる親分子分慣行、同族や無尽などの民俗組織、義理や贈与の習俗――それらは消えゆく遺制にすぎないのか。選挙に生命を吹き込み、利用されつつも、主張する、したたかで哀切な「民俗」の側に立って、わが政治風土の基層に光を当てる。

柳田国男研究❻

柳田国男 主題としての「日本」

柳田国男研究会編

A5判上製・二九一頁

三〇〇〇円＋税

大正から昭和の時代に、柳田国男が新しい学問、「民俗学」を構想した時、彼をとらえた最も重い課題は、日本とは何かという命題だった。この列島に生きる人びとはどこから来たのか。我々の今につながる、生活文化の伝統や信仰の基層にあるものは？　そして何よりも、現在から未来へ、わが民の幸福はどう遠望しうるのか？　安易な洋学の借用や偏狭な日本主義を排して、柳田は日本人の暮らしと心意伝承のこしかたを、「民俗」の徹底した採集と鋭い直観、卓出した解読によって明らかにし、課題にこたえようとしたのである。本書は、本質的なるがゆえに、左右の誤読と誹謗にまとわれてきた柳田の「日本」という主題を検証し、真の「日本学」の現代的意義を問い直すものである。

柳田国男
物語作者の肖像

永池健二

A5判上製・三二二頁
三〇〇〇円＋税

柳田国男の民俗学は、「いま」「ここ」を生きる人びとの生の現場から、その生の具体的な姿を時間的空間的な拡がりにおいて考究していく学問として確立した。近代国家形成期のエリート官僚として、眼前の社会的事実を「国家」という枠組みでとらえる立場にありながら、柳田の眼差しが、現実を生きる人びと一人ひとりの生の現場を離れることはなかった。「国家」や「民族」という枠組みに内在する上からや外からの超越的な視点とも、「大衆」や「民族」といった、人びとの生を数の集合として統括してしまう不遜な視点とも無縁であった。そうした彼の眼差しの不動の強さと柔らかさは、そのまま確立期の彼の民俗学の方法的基底となって、その学問の強靭さと豊かさを支えてきたのである。――日本近代が生んだ異数の思想家、柳田国男の学問と思想の、初期から確立期へと至る形成過程を内在的に追究し、その現代的意義と可能性を探る。

逸脱の唱声　歌謡の精神史

永池健二

A5判上製・三五六頁
三〇〇〇円＋税

歌とは何か？　人はなぜ歌をうたうのか？　思わず口ずさむ鼻歌。馬子歌、舟歌などの旅の歌。田植え、草刈り、石曳きなどの仕事歌。恋する男女、来臨した神と人、帰来した死者と生者が取り交わす掛け合いの歌。太初から今日のカラオケまで、歌のさまざまな形をつぶさに追い求め、境界を越えて響きわたり、人を逸脱へと誘い出す、歌の不思議な力を鮮やかに描き出す。

伝説の旅

谷　真介

四六判上製・三〇〇頁・写真多数
一九〇〇円＋税

東北各地に点在し、津軽半島から北海道へと生きのびる義経伝説。壇ノ浦から沖縄先島まで落ちゆく平家の伝説ほか、キリスト兄弟、猫、てんぐのきのこ、鯨取り、キリシタン、津波と人魚、埋蔵金、環状列石、巨軀怪力の女酋長、ジュリアおたあ伝説など、各地に伝わる伝説と歴史の真偽の検証、その光と影をたずね歩いた旅の紀行27篇。

新版

キリシタン伝説百話

谷 真介

四六判上製・三五八頁

二二〇〇円＋税

キリシタン伝説の「奇蹟譚、殉教譚をはじめ、摩訶不思議、奇想天外、荒唐無稽な魔術、妖怪譚まで多種多彩」な様を実に丹念に掘りおこしたこの本は、伝説が「このような形で残っている」ことをまず紹介することで第一の目的を果たしており、詳細な注釈を付けて時代背景や文献と伝承との関連を補って「百話を集めた」意義を大きく超えている。著者は児童文学者の筆力で伝説を柔らかくかみくだき、土俗の空気のなかに立ちのぼった伝説を土着化した文化の一様態として、ゆったりと提示することに成功した。こういう蒐集も、早くからあってよかったはずなのに、近代化＝国際化を急いだ日本人は、異文化との接触のプロセスを丁寧に追っていく手間を平気で省いていた。『キリシタン物語』の権威である著者によってこの問題提起を含む蒐集の本が書かれたことを、私は密かに喜んでいる。

松永伍一氏（「週刊読書人」より）